中国大型邮轮自主设计研究丛书

大型邮轮中庭空间设计研究

潘长学　陈　刚　总主编

王兴宇　著

RESEARCH ON ATRIUM SPACE DESIGN OF LARGE CRUISE SHIP

武汉理工大学出版社
Wuhan University of Technology Press

图书在版编目（CIP）数据

大型邮轮中庭空间设计研究 / 王兴宇著 . — 武汉：武汉理工大学出版社，2024.3
ISBN 978-7-5629-7007-1

Ⅰ . ①大…　Ⅱ . ①王…　Ⅲ . ①旅游船－船舶设计－研究　Ⅳ . ① U674.110.2

中国国家版本馆 CIP 数据核字（2024）第 038319 号

项 目 负 责 人：杨　涛
责 任 编 辑：刘　凯
责 任 校 对：张明华
装 帧 设 计：张　禹
版 面 设 计：武汉正风天下文化发展有限公司
出 版 发 行：武汉理工大学出版社
社　　　　址：武汉市洪山区珞狮路 122 号
邮　　　　编：430070
网　　　　址：http://www.wutp.com.cn
经　　　　销：各地新华书店
印　　　　刷：湖北金港彩印有限公司
开　　　　本：889mm×1194mm　1/16
印　　　　张：9
字　　　　数：270 千字
版　　　　次：2024 年 3 月第 1 版
印　　　　次：2024 年 3 月第 1 次印刷
定　　　　价：149.00 元（精装）

总主编介绍

丛书总主编：潘长学

　　潘长学，1988年毕业于中央工艺美术学院（现清华大学美术学院），现任武汉理工大学人文学部学科首席教授、学部主任、博士生导师，艺术与设计学院学术委员会主任，全国设计专业学位研究生教育指导委员会委员，教育部设计学本科教学指导委员会委员，教育部普通高等学校艺术类专业考试招生指导委员会委员，中国高等教育学会设计教育专业委员会常务理事，教育部主管的国内外公开发行的期刊《设计艺术研究》主编；兼任湖北省美术家协会副主席，湖北省美学学会副会长，中国机械工程学会工业设计分委会副主任；国家一流专业建设负责人，国家人才培养试验区负责人，国家教学成果奖获得者，国家新文科改革项目负责人。

　　其主要研究现代设计系统集成理论与设计方法，长期从事设计教育、设计管理、设计理论和设计实践工作。近五年来，其推动设计学科与交通船舶、建筑材料等学科交叉融合，探讨跨行业、跨学科的设计创新人才培养新模式，为我国船舶、汽车等行业领域培养了一大批设计教育与设计领军人才，完成国家及省部级研究项目20余项，发表专业重要论文50余篇。

　　大型邮轮是移动的"海上梦幻城市"，具有天然的国际性、开放性和世界文化连通性，同时具有极高的经济合作、人文交流等多重价值。发展大型邮轮事业契合21世纪海上丝绸之路建设，由我国自主设计与建造的大型邮轮将成为航行在海上丝绸之路的国家名片，甚至成为我国"一带一路"建设的标志性工程。

　　2018年潘长学研究团队主持工信部重大专项"大型邮轮美学设计技术研究"，课题主持单位武汉理工大学协同上海外高桥造船有限公司、中船邮轮科技发展有限公司、中国船舶工业集团公司第七〇八研究所、广船国际有限公司、烟台中集来福士海洋工程有限公司、清华大学、哈尔滨工程大学和上海交通大学8家参研单位和26家协同单位，努力拼搏，攻坚克难，圆满地完成了"大型邮轮美学设计技术研究"课题，通过学习、消化、吸收，掌握了大型邮轮美学设计的主题设计方法，完成了大型邮轮主题设计、建造的数字工程系统，中国文化与中国游客的消费理论，邮轮美学设计的技术工具，中国邮轮供应链与数据库建设等研究任务。

　　课题团队围绕邮轮外观设计技术研究、邮轮内装主题设计技术研究、邮轮家具设施和内装景观配置研究以及"中国风"在邮轮外观与内装中的应用等重大任务，完成了大量的主题设计方案、工程设计图纸、关键美学工艺建造基础数据库、邮轮各专项研究报告、设计指南，并发表了近百篇研究论文，获得了一大批专利和著作权，所积累的研究成果为我国掌握大型邮轮美学设计与建造关键技术并逐步实现国产化自主设计建造打下了坚实的基础。

丛书总主编：陈　刚

　　陈刚，工学博士，研究员级高级工程师，上海外高桥造船有限公司总经理，国产首制大型邮轮总设计师，长期从事船舶与海洋工程关键技术研究和装备研制，是我国船舶与海洋工程领域新一代领军人才。作为国产首制大型邮轮总设计师，他带领团队突破了大型邮轮设计建造关键设计和管理技术，建立了大型邮轮的设计建造技术体系，形成了大型邮轮设计和复杂工程管理能力，推动了大型邮轮数字化设计建造，使我国初步形成大型邮轮自主研制科技创新体系，实现了"零"的突破。他主持了我国首座深水半潜式钻井平台"海洋石油981"的设计建造，实现了我国海洋油气资源勘探开发的跨越式发展。

　　他先后主持国家和上海市海洋工程装备及高技术船舶专项30余项，主持制定国际、国家标准4项，发表高质量论文50余篇，受理发明专利72项；获国家科技进步特等奖（单位）、二等奖各1项，上海市科技进步一等奖1项、二等奖2项，辛一心船舶与海洋工程科技创新突出贡献奖；入选国家"万人计划"，享受国务院特殊津贴，获科技部中青年科技创新领军人才、上海市领军人才、上海市五一劳动奖章、船舶设计大师等荣誉。

总 序

邮轮和游艇产业是当今世界经济发展中最具活力的产业之一。邮轮旅游以其独特的魅力成为全球游客最喜爱的体验活动之一。大型邮轮作为中国海上旅游的新兴产品，是推动我国海洋经济发展的重要内容。2018 年，交通运输部和国家发展改革委等十部委联合发布了《关于促进我国邮轮经济发展的若干意见》（以下简称《意见》），《意见》指出，到 2035 年，邮轮旅客年运输量将达 1400 万人次，国家将大力推动邮轮自主性发展。大型邮轮作为重大海洋装备，在进行本土化建造和商业化运营之后，将满足旅游市场的发展需求，推动旅游经济快速增长。中国作为世界上拥有丰富人文资源和水体资源的国家，发展邮轮旅游具有巨大的潜力和美好的前景，对提高中国人民的幸福指数，促进我国船舶制造业的转型升级，构建我国邮轮自主建造产业链以及形成自主的邮轮品牌都有极其重要的意义。

大型邮轮是巨型、复杂的系统工程，反映了一个国家的装备系统建造能力和综合科技水平。全力推进大型邮轮设计建造是中国船舶工业转型升级、提升"中国制造"在全球影响力的标志性工程。《中国制造 2025》把海洋工程装备及高技术船舶作为十大重点发展的领域之一，这就从国家战略层面为推动大型邮轮产业化发展，引导中国船舶工业通过学习、消化、吸收来掌握邮轮设计建造技术，以及邮轮国产化发展提供了坚实的支持。

2016 年，国家以政、产、学、研协同的方式推动中国邮轮产业的自主设计与自主建造工作。上海外高桥造船有限公司、招商局、广船国际先后以多种合作形式建造了从 5 万吨到 13 万吨的大型邮轮、中型邮轮、豪华客滚船、科考船，在学中干、干中学，已开始积累经验。国产第一艘 13.55 万吨的大型邮轮已下水，广船国际成为国际客滚船订单最多的船厂之一，邮轮内装的国产化已达到 90%。2022 年 8 月，第二艘国产大型邮轮在上海外高桥造船有限公司正式开工建造，标志着中国船舶领域已初步掌握大型邮轮设计建造的核心技术，自此迈入了"双轮"建造时代，国产大型邮轮批量化、系列化建造能力得到显著提升。

但是，中国邮轮和游艇产业的自主美学设计与建造工程还有很多问题需要我们攻克，需要开放式的、持续性的学习与自主、独立、创新的奋斗过程。邮轮是一个复杂的系统工程，邮轮的游客服务涵盖了文化、商业、饮食、娱乐、艺术等领域。邮轮内装受到较复杂因素和安全规范的约束。我国邮轮产业需要构建自主、完整、科学的工程配套体系与管理体系。邮轮是高附加值的产品，邮轮美学设计是游客邮轮体验与认知的重要内容，无论是商业要求还是产业品牌要求，传统的船舶设计建造业态都需要大的突破与重组。邮轮美学设计包含主题创意、空间功能与服务设计、空间美学与艺术造型设计、新材料与新工艺等，同时要与防火、安全、模块化建造等众多工程相配合与适应。构建一套科学、系统的邮轮美学设计管理标准是当前推动我国邮轮和游艇产业快速发展的重要命题，并将推动众多相关制造产业链快速发展。

邮轮和游艇产业的发展需要一大批人才，推动设计美学与船舶工程的学科交叉，培养复合型、创新型的优秀邮轮和游艇设计人才已成为中国邮轮和游艇产业发展的重要课题。

我们要从文化、艺术、技术、体验、消费、工程等多个方面来探讨邮轮和游艇的设计创新。设计人才应该具备多元化的素质和综合能力，能够将不同的元素融合在一起，创造出符合市场需求和人们期望的产品。但如今，中国邮轮市场运营的邮轮都来自西方,其内部空间组织系统是依据西方人的审美、行为进行设计的,与中国游客在文化观念、消费认知、行为习惯上存在巨大的文化差异与价值隔阂。西方邮轮满足不了中国游客的体验需求，因为西方邮轮缺乏中国的文化情境与空间场域，设计者也没有考虑中国人特有的生活方式，以及当下面向老龄化人群的社会关怀与健康养生体验需求。因此，我们需要在文化解析的基础上，研究中国消费文化，通过多学科交叉的研究方法，提升中国邮轮自主设计能力，洞察中国游客消费行为与邮轮空间及其结构的关系，提出中国大型邮轮的设计研究范式。

我们要推进中国邮轮和游艇产业的绿色建造，实现可持续发展。绿色建造不仅可以减少对环境的影响，还可以提高邮轮和游艇的能源利用效率，以降低成本。设计人才应该具备绿色建造的基本概念和认知，能够将环保理念融入设计中，并与制造和配套企业合作，推动中国邮轮和游艇产业的绿色发展。

为了实现以上目标，需要建立全球邮轮和游艇学习与产业协作共享平台，搭建设计产业协作平台，推动中国邮轮和游艇设计教育与产业协同发展。武汉理工大学可以成为中国邮轮和游艇产业设计创新人才培养的重要平台。国内外的邮轮和游艇设计教育院校、设计机构、制造和配套企业的专家和学者应该共同探讨如何更好地推动中国邮轮和游艇产业的发展，通过交流经验和分享设计成果，推动中国邮轮和游艇产业的创新发展。同时，需要加强邮轮和游艇产业与其他相关产业的合作，推动资源共享和协同发展。邮轮和游艇产业涉及诸多领域，如旅游业、航运业、建筑业等。与这些产业的合作可以促进技术和经验的交流，推动产业链的协同发展，为中国邮轮和游艇产业提供更多的支持和保障。

邮轮和游艇产业的可持续发展需要政府的政策支持。政府应该为邮轮和游艇产业制定更加完善的产业政策和相关法规，同时加强对海上交通安全法、国际海洋法等法律法规的学习和理解，加大对邮轮和游艇产业的资金投入和税收优惠力度，为中国邮轮和游艇产业提供更好的发展环境和条件。

中国作为世界上拥有丰富人文资源和水体资源的国家，极有潜力成为未来世界邮轮和游艇产业发展的领军者。邮轮和游艇产业的设计创新人才培养、绿色建造、产业协同发展以及政府政策支持都是实现中国邮轮和游艇产业可持续发展的关键因素。我们相信，在各方共同努力下，中国邮轮和游艇产业的未来将会更加光明和美好。

2021 年，在邮轮产业大发展的背景下，武汉理工大学、清华大学、中船邮轮科技发展有限公司、上海外高桥造船有限公司等发起国际邮轮和游艇设计教育与产业协作平台高峰论坛，在这次论坛上，来自中国、意大利、美国、德国、日本等国的学者、造船专家、运营专家共同就大型邮轮设计、建造、产业发展等问题进行探讨。同时，面向未来中国邮轮和游艇产业的需求，他们还探讨了邮轮和游艇设计创新人才培养方法和知识体系，为培养专门人才，推动中国邮轮和游艇产业可持续发展打下了良好的基础。

本次论坛得到了中船邮轮科技发展有限公司、上海外高桥造船有限公司的大力支持，在此一并表示感谢。

2023 年 9 月 20 日

前 言

　　中国船舶工业集团为响应国家加快融入海洋经济时代的号召，2017 年 9 月与意大利芬坎蒂尼船厂开展国际合作，引进、消化、吸收国外先进的大型邮轮设计理念，尝试建造国内首艘大型邮轮。随着海洋旅游的迅速发展和大型邮轮本土化设计进程的加快，设计师需要探索新的设计方案，提升游客在中庭空间的体验，促进国内旅游业的发展。除此之外，中庭空间在大型邮轮舱室中的作用至关重要，因此本研究选择大型邮轮中庭空间设计来开展研究工作。

　　2015 年 5 月，国务院印发《中国制造 2025》，明确把高技术船舶和海洋工程装备作为国家重点发展的十大领域之一，要求在 2025 年之前攻克大型邮轮国产化过程中设计与建造的壁垒，从国家战略层面为大型邮轮的设计建造提供了有力的支持。大型邮轮具有舒适、休闲等特点，已经成为中国游客出行的重要选择之一。大型邮轮最初是国外游客青睐的交通工具，进入中国市场才十多年，在对中国游客的行为和娱乐休闲方式的把握上还不够深入，中庭空间的设计都是基于国外游客的习惯考虑的。本研究通过对大型邮轮中庭空间特征的分析，构建大型邮轮中庭空间设计模型，以便国内船舶设计师更好地展开中庭空间设计研究，加快大型邮轮本土化设计进程，使更多的国内游客选择大型邮轮出游，促进我国远洋旅游的发展。

　　大型邮轮有别于其他船舶，是为了满足游客高品质旅游消费的要求设计建造的，高舒适性、高体验性是大型邮轮旅游的主要目的，高舒适的环境主要指独特的艺术风格、精美的装修效果和良好的体验。中庭空间设计贯穿大型邮轮建造的全过程，是大型邮轮高舒适性环境的缩影，对于大型邮轮美学设计具有重大意义。欧美邮轮设计公司与设计师具有丰富的大型邮轮中庭空间设计经验，结成了紧密协作的团队，能够系统地完成从创新到设计的全过程；而国内关于大型邮轮中庭空间的研究还处于起步阶段，随着国内大型邮轮产业的快速发展，提高国内大型邮轮中庭空间的设计竞争力迫在眉睫。本研究从场域视角切入，构建大型邮轮中庭空间设计模型，为船舶设计人员提供新思路，对于优化游客体验也具有巨大的现实意义。同时，以大型邮轮中庭空间设计模型为基础，从中庭空间与功能空间、游客与中庭空间的关系入手，在中庭空间设计初期即综合考虑"物与物""人与物"的关系，以提高设计效率，避免设计方案的不合理性，使设计方案更具有完整性、科学性和创新性，以助力国产大型邮轮中庭空间设计研究。

　　总之，本研究从大型邮轮中庭空间物理属性、功能设置、游客流线行为入手，构建大型邮轮中庭空间设计模型，通过设计学打破学科协同创新的壁垒，为以设计模型驱动大型邮轮中庭空间研究提供设计学维度的思考和参考；推进对于大型邮轮中庭空间研究的深度与广度，并提供新的方法与视角；通过中庭空间设计模型的推广，助力研究者更好地展开大型邮轮中庭空间设计研究。作为本体研究的理论探索，这也为国内首制邮轮中庭空间设计和建造提供了经验和创新机遇，以加快大型邮轮本土化设计进程，促进我国邮轮旅游的发展。

王兴宇

2023 年 12 月

目 录

绪论

第一节　大型邮轮旅游发展迅速

近年来，选择大型邮轮旅行的游客数量一直保持着高速增长，大型邮轮是推进"一带一路"国之相交、民心相通的有效载体。中庭空间是邮轮旅行中重要的公共空间，集众多优点于一身，已经演变成容纳休闲、售卖、艺术展示等活动的复合功能空间，成为大型邮轮室内设计的重点。随着人们生活水平的提高，大型邮轮旅游已经在全球范围内被越来越多的人接受，成为当今最流行的休闲娱乐方式之一。世界大型邮轮航区、航线及运营公司见表 1-1，大型邮轮作为巨大的海上移动城堡，不再仅是一种交通工具，更是将娱乐、游玩、购物、住宿及巡航结合在一起的休闲旅行工具，大型邮轮带着人们探索广阔的海洋世界，欣赏壮观的海洋美景，让人们感受到地球的"水之魅力"。大型邮轮提供舒适的住宿、丰富的美食、旅行地的游玩和多样的娱乐设施，乘坐大型邮轮已经成为一种时尚的度假方式。

表 1-1　世界大型邮轮航区、航线及运营公司[①]

航区	航线	邮轮运营公司（家）
地中海航区	地中海和希腊群岛	24
加勒比海航区	加拿大、加勒比和阿拉斯加	17
北欧航区	北欧和环英国	13
北极探险航区	北极	11
南非航区	南非	9
南美航区	南美	9
中东航区	中东	7
澳大利亚航区	澳大利亚	6
东南亚航区	东南亚	5
印度洋航区	印度洋	3

此表来源：作者根据 2019 年国际邮轮协会年度报告整理。

---

① 书中图片、表格未作说明的，皆为自绘、自摄。

在过去，大型邮轮多流行于欧美发达国家，国内只有少数人体验过，并且在设计领域都是空白区。大型邮轮设计建造是科技、工程、设计、艺术等多学科的交叉融合，涉及船舶、机电、建筑、装饰、文化、艺术等领域，融合了当今先进的造船生产工艺与管理技术，在船舶舒适性、安全性、可靠性方面有苛刻的规范与标准。对于大型邮轮而言，一流的邮轮工程建造技术、一流设备与一流服务设施，主要解决游客的基本需求，即物质需求；独特的艺术设计风格、空间审美体验及行为体验，不仅是满足游客心理需求的主要内容，也表现为游客对美好事物的追求。大型邮轮及中庭发展的本体演进如附录 1 所示。

从商业经济视角看，近 20 年来，选择大型邮轮旅行的游客数量一直保持着高速增长。2004—2017 年，全球大型邮轮市场游客量从每年的 1314 万人跃升到 2470 万人，增长了 88%。我国海岸线长达 18000 多千米，人口基数庞大，大型邮轮旅游业发展空间巨大。中国 2016 年大型邮轮出境游客总量达 210 万人，超越德国成为全球第二大邮轮市场。根据国际邮轮旅游协会预测，到 2022 年，我国可能成为世界上最大的旅游目的地。此外，自 2013 年以来，全球邮轮旅游带来的商业价值超过了 360 亿美元，其增长速度保持年均 8%~9% 的高速增长，约为国际旅游业产值平均增速的两倍。

从政府视角看，大型邮轮是推进"一带一路"国之相交、民心相通的有效载体。政府为了顺应海洋旅游业发展的趋势，实施海洋旅游开发可持续发展战略，在上海、天津、青岛、大连等沿海城市积极建设大型邮轮码头，上海将按照美国迈阿密国际邮轮港的模式建设可以同时停泊 6 艘大型邮轮的国际邮轮码头。2019 年 8 月 23 日，国务院办公厅印发《关于进一步激发文化和旅游消费潜力的意见》，提出大力开发海洋海岛旅游，支持国内大型邮轮的设计和建造，支持我国大型邮轮旅游发展，以推动全国大型邮轮旅游消费保持快速增长态势。

目前全球大型邮轮造船厂合计年产能为 8~10 艘，无法满足大型邮轮年均更新需求和中国等新兴市场的需求。未来 15 年，国内大型邮轮旅游业迅速发展，国内大型邮轮市场对大型邮轮的年均需求达 6 艘左右。但是供需矛盾日益加剧，国际市场大型邮轮订单已排至 2026 年，大型邮轮设计建造是船舶行业唯一供不应求的领域。与此同时，全球大型邮轮建造市场高度集中，大型邮轮建造被欧洲船舶三大巨头（意大利芬坎蒂尼船厂、德国迈尔船厂、法国大西洋船厂）长期垄断，并对大型邮轮设计建造技术严密封锁。大型邮轮作为全球造船业"皇冠上的明珠"，是我国造船业唯一没有突破的领域。

第二节 大型邮轮中庭空间的作用

由于气候的关系，最早在古罗马时期就出现了中庭的雏形。中庭作为古老的陆地建筑空间形式，一直是建筑师不断创新和探索的设计对象。对于大型邮轮而言，最早出现中庭空间布局的是冠达邮轮公司建于 1949 年的卡罗尼亚号邮轮。它为大型邮轮中庭空间设计提供了至今一些大型邮轮仍在沿用的黄金法则。随后，从 20 世纪 50 年代开始，除技术、尺寸、速度和舒适性等方面存在差异外，每艘大型邮轮都会设计中庭空间，并且随着设计理念和空间布置不断变化，中庭空间备受游客欢迎。

大型邮轮中庭空间集众多优点于一身，是邮轮旅行中重要的公共空间组成部分，在功能、引导、观赏、社交等方面都起到重要的作用，满足游客休憩和交流互动等需求。在功能方面，大型邮轮中庭空间有着公共活动区域，可以舒缓游客由低矮的舱室和孤立狭窄的楼梯带来的不适感。在引导方面，中庭空间作为大型邮轮主要的交通中心可以集散和引导游客，肩负交通枢纽的功能。在观赏方面，设计师将华丽典雅的风格融入大型邮轮中庭空间内，使游客体验与艺术审美相融合，让流行趋势和时尚风格在中庭设计中展现得淋漓尽致。在社交方面，大型邮轮中庭空间作为共享空间，为游客交往、休憩、聊天等活动提供了场所。此外，由于大型邮轮的商业盈利目的，中庭空间还具有提升经济效益的功能。中庭空间可以设置开放式的购物区域，以及举办与航线主题相关的娱乐活动，营造独特的旅行体验。

除了上述作用外，大型邮轮中庭空间是将邮轮公共空间、娱乐休闲空间、餐饮类休憩区域以及客舱连接的重要"枢纽"。游客通过这个枢纽，可以毫不费力地了解大型邮轮的总体布置纲要，包括餐厅、免税店、图书馆、观景甲板、咖啡馆、棋牌室、画廊等。通常，船舶设计师应谨慎避免舱室空间的浪费，尽量增加空间的功能性，但是中庭空间这个枢纽集中心感与共享性为一体，将使用功能、分流人群和卓越的空间表现力结合在一起。因此，中庭空间被视为整艘邮轮品质的核心。

在远洋旅游中，大型邮轮这一舶来品近几年在中国语境下发生了变化，国内游客与国外邮轮文化发生矛盾的事件屡见报端，这也导致了诺唯真喜悦号邮轮在 2018 年 7 月宣布退出中国市场。在中庭空间体验与娱乐消费过程中，国内游客尤其显现出其特有的行为。随着大型邮轮建造技术的进步，中庭空间的作用和角色也已发生显著变化，但是国外的设计方案并没有完全兼顾到中国消费者的行为偏好。调查显示，国内游客对现役邮轮中庭设计不适应感增加，十分有必要对中庭空间进行详细的分析研究。然而，国内关于大型邮轮中庭空间的研究还处于起步阶段，随着国内邮轮产业的快速发展，提高国内大型邮轮中庭空间的设计竞争力迫在眉睫。如何为今后国内大型邮轮中庭空间设计研究提供理论和实践支撑，开拓研究视野，是亟待解决的重要课题。因此，需要对大型邮轮中庭空间和游客行为路径进行深入分析，不能照搬国外的设计方案，更不能把陆地上中庭空间的设计法则直接照搬到邮轮上。

邮轮中庭空间设计是邮轮总体建造的核心内容，它结合了设计学、船舶学等多门学科，需要对空间、形态、材料、色彩等设计语言有着高度的理解与思考。尽管学术界对大型邮轮中庭空间的关注逐年增长，但目前的研究多集中于从船舶学和美学角度对中庭空间装饰效果的个案研究，各学科间的协同创新在涉及大型邮轮中庭空间的设计研究理论上仍然较为匮乏。我国大型邮轮中庭空间的研究在设计领域仍偏重于案例的搜集整理和对国外文献的解读研究。主要体现在对总布置视角、跨文化视角、经济视角和游客偏好视角的关注，尤其重视对大型邮轮中庭空间内装风格、服务理念的研究。国外学术界对于邮轮中庭空间的研究主要分三个角度：第一类是从装饰性目的出发，把华丽典雅的风格融入邮轮中庭空间中，分析形态、色彩、尺度和光线如何影响中庭空间设计，诠释了邮轮中庭美学风格的变化，将邮轮体验与艺术审美相融合；第二类是从社会学视角研究邮轮中庭空间设计，主要分析跨文化和消费学理论介入下的邮轮中庭空间布局、功能和连接方式设计，或是从邮轮商业价值、游客与秩序的关系、文化转变等方面探究邮轮中庭空间组成要素及其特征；第三类是基于游客行为流线和消费动机分析邮轮中庭空间构成要素，提升邮轮商业价值。

国内的大型邮轮中庭空间研究在沿袭国外学术界的理论思想之下，缺乏对于邮轮环境和中庭空间本质概念的探索，较少有学者展开社会学视角下的中庭空间本体研究，包括中庭空间的本质特点、风格脉络以及形成机制。要理解大型邮轮中庭空间的本质，亟须从本体研究视角对其进行分析。在本书中，大型邮轮中庭空间研究不仅对现有设计成果进行归纳分析，而且更加深入地探讨中庭空间与功能空间、游客的关系。另外，本书全面解析大型邮轮中庭空间物理模块、功能模块、交互模块、意义模块，从而构建大型邮轮中庭空间设计模型。这为今后国内大型邮轮中庭空间的设计研究提供了理论和实践支撑，进一步推进大型邮轮中庭空间设计的理论研究。

大型邮轮中庭空间综论

第一节   大型邮轮发展概况

在邮轮上百年的发展历程中，20 世纪 40 年代出现过一次重大转变，喷气式飞机的出现对远洋邮轮航运业产生了颠覆性的影响。在 1952 年，约有70 万人通过邮轮穿越北大西洋；而到 1960 年，人数只有不到 25 万人。在这期间，大量邮轮公司破产，很多中小型邮轮被销毁或折价卖出。旅游邮轮出现后，邮轮不再仅是一种交通工具，而成为一种休闲度假旅行的方式。20 世纪60 年代以后进入大型邮轮时代，邮轮业作为一个全新的旅游模式步入了高速发展的阶段。本书将大型邮轮和中庭的发展做了详细的梳理（详见附录 2）。大型邮轮和中小型邮轮在基本参数、功能分区、装饰风格等方面都存在着差异性（表 2-1）。

表 2-1   中小型邮轮与大型邮轮对比

项目	中小型邮轮（远洋运输）	大型邮轮（旅游）
功能	交通运载工具	旅游、休闲、度假、购物、餐饮
使用者特征	乘客：到达目的地	游客：港口度假旅游及船上休闲娱乐
使用者需求	追求安全、快速到达	追求舒适体验，设施齐全，购物消费
空间设施	主要为客舱，满足住宿和饮食基本需求	套房、阳台房、咖啡厅、特色餐厅、酒吧、健身房、商业街、剧场、观景厅等多种功能空间
装饰风格	简单化	艺术性、美观性

在基本参数方面，依据 2010 年国际邮轮协会（CLIA）发布的《邮轮市场报告》，大型邮轮需要符合以下三点参数要求：一是邮轮注册吨位数达到70000 吨以上；二是邮轮载客数量（不包括船员）在 2000 人以上；三是邮轮空间比率（满员时的人均空间）不低于 30 立方米。邮轮空间比率越高，游客在邮轮中就越不容易拥挤，活动场所显得越宽敞，其票价也会越高。因此高空间比率是大型邮轮的重要指标之一。当然，一些大型邮轮可以通过灯光、观景窗等效果增加宽敞舒适度。

在功能分区方面，邮轮内部空间的功能分区布置，与邮轮的排水量、船型尺寸、目标用户及市场定位等因素有关。其中，大型邮轮吨位及排水量对功能布置影响最大，其吨位及排水量越大，可容纳的功能空间越多。主要表现为：

大型邮轮多采用垂直分区布置，高层甲板为娱乐休闲及露天活动区，中层甲板为游客居住舱室，低层甲板为购物、中庭活动区，整个大型邮轮功能分区呈现出一种类似三明治的布置形态。

在装饰风格方面，20世纪80年代至90年代，大型邮轮装饰风格的规律性较强，即以船东国的文化风格和审美特征主导风格形式。因为大型邮轮的航线较为单一，游客来源多集中于航线发出的国家。在此阶段，大型邮轮的装饰风格与游客出发国的流行装饰风格相吻合，具有非常强的地域特点。各个邮轮建造集团在此基础上再进一步展现自身的特点，如嘉年华邮轮会表现出更多现代主义风格，荷美邮轮的传统元素会更多一些。在本国航线中被游客认为是现代主义风格的装饰，在其他航线中被视为地方主义风格也是很正常的现象。21世纪初以来，大型邮轮的装饰风格变得更加多元化和自由化。一方面，由于大型邮轮休闲娱乐的重要性在不断地提升，航速、经济性等要素退化；另一方面，大型邮轮的游客构成也越来越复杂，家庭出游、亲子出游、团体出游等出行方式变得多样化。现代大型邮轮设计还考虑到了航线文化特色、游客审美、邮轮主题特征、时代脉络等因素，形成了丰富多样的装饰风格特点。

在大型邮轮中庭空间设计方面，20世纪70年代还存在中庭是否浪费空间的争议；但是80年代初皇家加勒比旗下的海洋君主号邮轮中庭设计就给游客留下了深刻的印象。海洋君主号邮轮中庭将分流游客、功能使用及卓越的空间表现力结合在一起。这个巨型中庭在很大程度上缓解了游客由于孤立狭窄的空间所带来的不适感，使游客感受到大型邮轮的宏伟魅力。这类巨型中庭成为后来多数大型邮轮的标准配置。特别是21世纪建造的大吨位邮轮，中庭空间的面积占比变得更大，设计权重越来越高。

第二节　大型邮轮中庭空间概念阐述

一、空间概念的解读

空间是人类在自然世界中生存的载体。"空间"一词源于古法语的 espace 以及拉丁语的 spatium。物、秩序、光线、特性和时间是对自然世界具体理解的主要范畴。物和秩序属于空间性的基本元素，特性和光线是指场所的气氛。

在《现代汉语词典》（第6版）中，空间被定义为"物质存在的一种客观形式，由长度、宽度、高度表现出来，是物质存在的广延性和伸张性表现"。空间是一个相对概念，由实际的物质形式组成，空间使事物具有变化性，即因为空间的存在，事物才会发生变化。

空间的含义指的是空间内在的意义，对人们有着精神层面的影响。建筑空间的含义指的是建筑空间的社会属性，属于文化范畴。建筑以造型、装饰风格、材料应用向人们传递某种文化信息，建筑空间同样是文化的载体，对处于其中的人们的视觉审美及观念思想产生影响。美国建筑大师赖特把建筑视为"人类心灵的语言"。建筑空间的含义是一个动态因素，它是人类社会历史的现实的外化，因此其含义也在不断变化。建筑空间的含义不仅取决于建筑的设计者及建造者赋予建筑的意义，还取决于空间使用者进行的一系列活动。

陆地建筑空间及海上大型邮轮空间与自然空间有着截然不同的性质，自然空间有着广阔无垠的范围，但是无法在功能层面满足人们多样的需求。陆地建筑空间及海上大型邮轮空间不仅要满足人们特定的使用需求，而且还要考虑到人们的心理需求，要实现这些需求需要特定的元素和形式。陆地建筑空间是由物质形式和尺度限定的场所，空间的大小由实体界定，不同的陆地建筑空间具有差异性。

（1）空间的构成要素

建筑是实体所营造的场所环境，在特定的范围内受实体元素的影响，它所界定的空间与场所外的空间有着不同的氛围。陆地建筑空间是因人的需要而营造的，它隐含着人的构想和情感，具有与人的日常活动休戚相关的属性。建筑空间要素可以分为物质要素和非物质要素。建筑、街道、广场、庭院、村落等物质环境元素构成了陆地空间物质要素。物质要素的组织方式与空间内在的规律，以及人对陆地空间的审美、心理感受、体验及精神诉求构成了陆地空间非物质要素。空间要素是构成空间形态的基本单元，每一个要素都有其特征，如形制等级的高低、色彩的明度都会对人的感受和空间形态产生影响。

（2）空间的结构

《辞海》（第6版）中对"结构"的定义为"既是系统客观存在的方式，又是系统的基本属性，是系统具有整体性、层次性和功能性的前提。"基于《辞海》的解释，可以将结构归纳为部分与整体之间、各部分之间的组合方式。根据结构的含义，空间结构是空间内各要素之间的相互联系与有机结合，它构成了空间形态的秩序。

建筑空间由各种要素组成，不同的构成要素形成不同的建筑空间形式，即各空间要素构成了建筑空间的结构。与自然的空间结构不同，建筑的空间结构是隐于建筑空间中的组织网络，是构成建筑空间体系的框架。空间中若干个分系统之间相互协调、相互联系、统筹运转形成了健全的组织网络，塑造了建筑的空间结构。这种结构关系不是自然演化的结果，而是人类塑造的，它是人们按照自身功能需求和建筑规范，并结合审美、社会、文化等因素抽象出来的空间框架。人们的行为秩序及活动路径都会受到这种空间结构的引导。

（3）空间的形态

"形态"指事物在一定条件下的表现形式。"形态"是可以被人们理解、感知、把握，甚至观察到的。"形态"不仅包含了事物的几何形态，还呈现出其形状所表达的意义和状态。空间形态是空间内各要素通过有机组合、相互协调和统筹运转后所呈现的框架。空间形态不仅包括由空间的构筑方式、尺度、位置及人们的价值观念、文化习俗、生活方式、行为需求等所形成的空间特色，还包括人们位于空间中的情绪体验及心理感受，以及由此产生的对空间形态的主观认知。空间形态亦有物质形态（构成要素和功能布置）和非物质形态（文化传统和生活方式）两方面所构成。

空间形态决定建筑空间环境的整体效果，对空间环境气氛的形成起着至关重要的作用。设计师在建筑空间运用的各种表现手法，最终都会以形式各异的空间形态呈现出来。建筑空间具体的形态构成与地域特征、文化特征、用户群体及创造者设计方案等多方面因素有关。这些因素稍许的变化都会使空间形态发生变化。

二、中庭空间的定义

"空间"一词由来已久，人们对"空间"的理解多来自于西方哲学体系中所阐述的物理层面的空间。在西方文化中，"空间"是一种具有体量意义的名词。但在东方文化中，"空间"不仅具有物理范畴的意义，人们还从哲学视角把"空间"拆分成"空"与"间"两个方面来探讨。首先，"空"代表着无或没有，它本身是一种结果和状态，而"间"则是达到这种结果和状态的手段。因此，"空"之中会有多种多样的"间"，这些"间"之间的相互作用构成了"空"的属性和内容。从空间的概念看，传统中庭是一种敞开或半敞开，有侧边结构并且带顶的回廊形态，而现代中庭则是一种通高公共空间，这种空间具有娱乐、商业、休憩等多功能属性，并且可以是封闭的室内空间形态。现代中庭为人们提供了良好并且舒适的公共休闲区域。此外，在某些室内环境中，现代中庭还肩负着交通枢纽的职能，具有构建商业平台、集散游客、展示文化信息、优化娱乐设施、优化景观环境的功能属性。特别是在大型商业综合体中，中庭对于疏散人流、改善高密度空间布局、提升商业价值具有重要意义。

对于大型邮轮而言，亚伦·桑德斯（Aaron Saunders）在《海洋巨无霸：现代大型邮轮的变革》（*Giants of the Sea：The Ship that Transformed Modern Cruising*）中曾对大型邮轮中庭空间的概念做了明确界定。中庭空间是指大型邮轮中贯通上层至下层甲板而形成的具有复合功能属性的空间形态，在船体约束性的背景下通过围合设计手法营造的一种公共空间与功能空间既融合又隔离的独特形式，即有天棚的具备共享属性的"通高"公共空间。大型邮轮中庭空间可以从水平和垂直两个方向进行功能组合，这也成为邮轮设计的重要环节。对于游客而言，中庭空间已经成为游客在邮轮开展购物、休闲、社交、娱乐等多功能活动的重要场所，也被视为邮轮中最大的高密度空间。由此可见，与大型邮轮其他室内空间不同，中庭空间承上启下的重要性使其成为凸显邮轮特色、展现邮轮品质的标志性空间。据此，在大型邮轮中庭空间概念辨析的基础上，本书对中庭空间的定义作了进一步详述，具体如下：

首先，大型邮轮中庭空间是一个高密度复合功能空间。它既是大型邮轮的一部分，又是由一些相对独立的区域模块（中心观光电梯、景观楼梯、挑空走廊、梯道环围、商业空间、娱乐空间等）组成。这些功能区域模块彼此独立又相互关联，其关联性表现在中庭空间各个区域模块的边界是模糊的。中庭空间区域模块既能单独运行，又会与中庭空间其他区域模块交叉运行；其独立性表现在中庭空间各个功能区域模块都具有一定的必然性和各自的逻辑性，每个功能区域模块中空间本体对游客的影响各有不同。此外，大型邮轮中庭空间还是物理空间和功能空间的结合，这种高密度复合功能空间与邮轮其他功能空间都有所不同。当然，物理空间是意义的发生地，所有的行为活动都在其中进行，一个物理空间可以包括很多种功能空间。所以，在研究大型邮轮中庭空间属性时，抽象出功能空间也是合理的。

其次，大型邮轮中庭空间的功能设置具有内在的运行逻辑。如中庭空间文化娱乐区域是以文化生态至上为内在的运行逻辑，而中庭空间的整体功能设置则是以游客体验至上为内在的运行逻辑。这种运行逻辑的基本观点是，在大型邮轮中庭空间中，游客积极融入中庭空间商业、休闲、娱乐等活动中去，他们在追求自身利益的同时，也是在形成大型邮轮的经济效益和体验价值，并进一步完善中庭空间功能的内在运行逻辑。此外，大型邮轮中庭空间不仅包括中庭物理环境，而且包括游客行动空间的范畴。中庭物理环境是指所有游客都有使用权的公共空间，包括观景平台、景观楼梯和电梯、梯道围等可以随意出入的开放公共空间，属于物质的概念；行动空间是指船东在中庭开展的活动并组织游客参与其中，包括商品售卖、艺术展示、娱乐休闲等，属于行为的概念。

在中庭空间这个开放的共享性空间中，船东的商业活动和游客的行为被认为是基于"利益"的考量，是出于理性的选择。所谓"利益"的考量是船东和游客在理性的支配下倾向于获取最大化收益。船东基于物理空间和行动空间获取商业收益的最大化被称为实现商业价值，游客基于物理空间和行动空间获取个人收益的最大化被称为实现个人价值。一般而言，船东收益指的是经济效益，游客收益不仅包含经济效益，还包含情感的、文化的、社会的效益。

再次，大型邮轮中庭空间是多种关系集合的空间形态，需要梳理空间功能区域的资本属性、游客行为偏好、船东要求等内容。根据中庭空间多种关系集合视角进行思考就是从关系论的角度进行思考，体现了设计研究中的"关系性思维"，这种思维方式梳理了中庭空间与其他功能空间的关系，有助于归纳中庭空间形式、尺度大小对船艉餐厅、剧院、图书馆等公共空间的影响。剖析大型邮轮中庭空间流行设计特征，根据容纳游客数量要求及甲板功能特点，确定合理的尺

寸形状，形成合适的功能分区布置及顺畅通达的空间流线。良好的空间流线能达到简洁合理、明晰易达的效果，避免出现冗余的空间布置。

商业资本在大型邮轮中庭空间设计中具有引导作用。当前大型邮轮售票都以客舱的等级来划分票价，通常分为豪华套房、阳台房、海景房和内舱房，不同身份的游客可以进入不同的区域。部分餐厅、休闲空间只有豪华套房和阳台房VIP客户才能进入。中庭空间设有休憩场所，VIP客户可以依据金卡直接获取茶点。身份的差异映射出游客持有商业资本的多少，使得游客在功能空间中获得不一样的体验。游客依据所持有商业资本的多少，其能享受的邮轮服务也从低到高配置。按游客需求与邮轮功能的关系分析，游客需求有从低到高的层级区别，包括生存需求、安全需求、社交需求、尊重需求、自我实现需求。随着游客从基本性需求向精神性需求的延伸，资本发挥的作用就会越明显。

游客拥有资本的类型和量的多少决定了游客在空间中的位置，也就决定了游客的身份。因此，大型邮轮中庭空间要实现游客需求从低级到高级的递进，需要合理发挥资本的作用。在具体的研究中，大型邮轮中庭空间涉及比较多的是对于经济资本和文化资本的探讨，包括实际的或潜在的资本种类，这些资本同邮轮集团和船东对邮轮的定位息息相关。在大型邮轮中庭空间，商业资本运行同邮轮集团的会员制相联系，商业资本从游客集体性拥有资本的角度为每个会员游客提供支持，提供游客社会交往的机会，获得更好的体验路径，满足游客被尊重的需求，使游客潜力得以实现。

商业资本是所有资本类型的根源，商业资本和文化资本可以转换为社会资本。大型邮轮中庭空间所涵盖的不同资本类型也可以相互转换。游客拥有的商业资本和文化资本可以转换为个人的社会资本。大型邮轮中庭空间是由各种资本相互作用形成的复合功能体，其变化的动力受中庭空间资本的驱动，即主要受游客所持有的资本、船东注入的商业资本和文化资本的驱动。从各种资本运行的逻辑机制出发，有助于立足船东获益视角绘制大型邮轮中庭空间总布置方案，协调各个主体之间的关系。

在中庭空间，游客行为偏好成了左右中庭空间布局的主导力量，成为推动大型邮轮中庭空间流线设计的重要动力。游客行为偏好是一种结构形塑机制，趋向于在中庭空间

中生成各种"合理的"流线行为。游客行为偏好不仅是游客长期生活实践形成的，更是游客在中庭空间中的一种行为实践范型。游客行为偏好的功能是为游客在中庭空间的实践提供对应的策略和原则。游客行为偏好将游客过去的经验结合在一起，时刻作为游客在大型邮轮环境中各种知觉、评判和行动的母体发挥作用，从而完成各项不同的任务。游客在中庭空间的行为偏好和活动方式是游客针对中庭空间表现出的"性情倾向系统"，针对的环境是公共空间，但行为偏好却不具备公共性，由于其年龄、性格、性别、社会阅历、受教育程度等的差异，其表现出的行为偏好也有一定不同。大型邮轮空间是对海上空间限定与改造的结果，同时也构成了对游客行为的限定和规范。游客的行为秩序、活动路径、视觉范围都会受到大型邮轮空间形态的限定。

总而言之，本书对大型邮轮中庭空间的界定，偏重于大型邮轮中庭空间物理属性视角，聚焦游客在中庭空间的行为活动，在游客行为流线分析上参照人类学用户研究的行为体验定义，功能内容上糅进大型邮轮中庭物理空间的不同要素，游客行为方式上渗透游客在大型邮轮中的行为流线。因此，本书试图通过对大型邮轮中庭空间概念的界定，挖掘影响大型邮轮中庭空间设计的深层因素，试图找寻提升游客在大型邮轮中庭空间体验的有效路径。

第三节　大型邮轮中庭空间特征分析

一、中庭空间形式与尺度

大型邮轮中庭空间形式多样，与陆地建筑的中庭空间不同的是，大型邮轮中庭空间形式与尺度受到邮轮的定位、主题、吨位、空间比例、满载客数、客舱数、船员游客比等众多因素的影响。本书首先梳理国际著名邮轮集团旗下的大型邮轮基本信息，调研的邮轮集团包括精致邮轮（Celebrity）、歌诗达邮轮（Costa）、地中海邮轮（MSC）、诺唯真邮轮（Norweigian）、皇家加勒比邮轮（Royal Caribbean）、嘉年华邮轮（Carnival）、迪士尼邮轮（Disney）、公主邮轮（Princess）、荷美邮轮（Holland America）。另外，对所调研的大型邮轮中庭空间形式与尺度进行整理，归纳了其功能属性、设计约束性、典型形式及尺度，为大型邮轮中庭空间物理属性研究奠定基础。

从功能属性上看，大型邮轮中庭空间包含商业功能、休闲娱乐功能、交通功能等，是一类特殊的复合公共空间。中庭通常位于大型邮轮中层甲板的核心位置，起到连接剧院、免税店、餐厅等功能空间的重要作用。核心的空间位置和特殊的交通作用，决定了中庭空间作为大型邮轮公共空间枢纽的重要地位。然而与陆地中庭空间建筑不同的是，大型邮轮中庭空间建造取决于吨位、稳定性、主题风格、航线特征、商业定位、安全性等限定条件。

从设计约束性上看，大型邮轮复杂的功能属性及重要的交通枢纽地位增大了其设计上的难度，需要考虑功能布局的影响因素和限制条件。其中需要重点考虑的因素包括：①顺畅的疏散通道和游客流线。大型邮轮平均载客量超过4000人，中庭空间作为重要的交通枢纽，将面临巨大的游客体量和复杂的组织关系。设计师要梳理大型邮轮中庭空间与其他空间的功能关系，设置既不产生拥堵，又不会因为游客流线过于简单而显得平淡的疏散通道。②安全防护要求和措施。大型邮轮中庭为了取得恢宏的空间效果，中庭空间通常会贯穿大型邮轮多层甲板，空间高且纵向跨度大，因此中庭空间高空安全和防火安全成为重点关注的问题。③合理的功能分区。大型邮轮中庭空间内的功能区复杂，在设计布局时要从横向和纵向两个维度入手进行合理的功能分区。

大型邮轮中庭空间形式多种多样，如椭圆形、方形、矩形、流线形、圆形等各种形式。中庭通常位于船体中部位置，挑高2至3层甲板高度，约占整个公共区域面积的20%，连接舱室、电梯、楼梯及其他功能空间。此外，大型邮轮首尾部都设有垂直通道，因此中庭客流量集中度高，容易出现聚集和拥堵现象。当中庭面积超过1200m²时，则在大型邮轮空间的船中处，多以椭圆形、圆形及矩形的空间作为主空间，并以此为船中公共区域的中心或重要节点，再用流线形、矩形等形式的中庭作为次中心。在大型邮轮中庭贯穿式布局中，多个方形或矩形连续排列成线性中庭，在节点处连接椭圆形、矩形、圆形中庭，可以产生强烈的视觉冲击力和秩序感。如图2-1和2-2所示，嘉年华展望号和诺唯真遁逸号将中枢、观赏、庆典、交流等功能混合在一起，游客在大型邮轮中庭区域可以驻足、休憩、交谈，以及参加小型庆典活动。

图 2-1　嘉年华展望号中庭

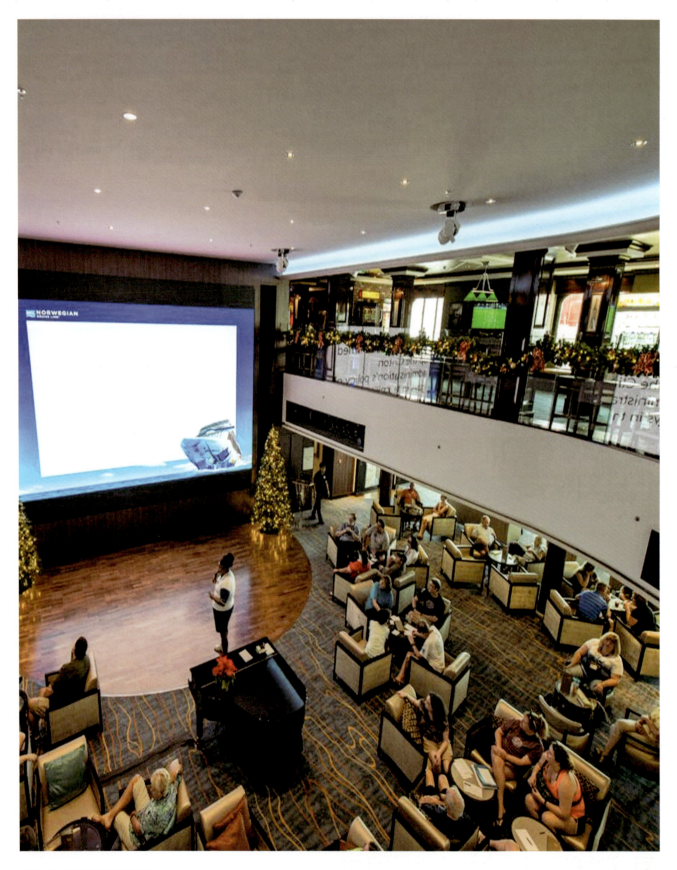

图 2-2 诺唯真遁逸号中庭

（图片来源：欧美邮轮评价家网站 www.cruisecritic.com）

椭圆形、流线形的中庭形式，为大型邮轮中庭空间带来更加活跃的气氛（图2-3和2-4）。2019年进入中国市场的歌诗达威尼斯号中庭整体采用了椭圆形布置，中庭中间部分用意大利风格的雕塑作为装饰，并以圆形吧台作为功能区域，为游客提供茶饮服务。加勒比公主号中庭设计也取得了异曲同工的效果。

大型邮轮中庭在船中公共空间所占的面积比例各不相同，如图2-5所示，图中选取了26个国外近十年建造的，来自不同邮轮集团具有代表性的大型邮轮中庭进行分析，由图可看出中庭面积占船中甲板层面积的比例。皇家加勒比集团邮轮平均中庭面积所占比例最大，约为16.3%；最小的中庭面积占比为7.8%，所调研的大型邮轮中庭面积占比平均值为14.5%，有9艘大型邮轮中庭面积占船中甲板层面积的比例超过了15%。特别是2015年以后建造的大型邮轮，中庭面积占船中甲板层面积比例呈上升趋势。

大型邮轮中庭为了减缓游客在海洋环境的陌生感和不舒适感，营造和邮轮其他公共空间不同的感受，需要合理利用甲板结构，提高空间利用率。中庭高度不宜过高，否则会减少购物空间及娱乐空间的面积占比，造成商业效益的下降，但为了缓解游客由于低矮的舱室和孤立狭窄的楼梯所带来的不适感，中庭高度也不能过低。在所调研的大型邮轮中，中庭都集中在甲板的4至8层，以3层甲板高度的中庭居多，占调研的大型邮轮中庭数量的51%。此外，通过对大型邮轮中庭尺度的分析可知，大型邮轮中庭面积占船中甲板层面积的比例为11%~19%，2005年后建造的大型邮轮中庭面积所占比例都在13%以上，平均中庭面积所占比例为15.7%，大型邮轮中庭层数多为2~4层。方形中庭及圆形中庭的平均宽度为23.1m，平均面积为536m²；流线形中庭、矩形中庭和椭圆形中庭的平均宽度为28m，平均长度为57m，平均面积为583m²。

通过前期资料收集，整理并归纳了大型邮轮中庭的基本尺度，被调研的大型邮轮中庭空间基本信息如附录2所示。因为不同类型的中庭其尺寸具有差异性，因此将规整的方形中庭、圆形中庭与其他类型中庭分开整理。方形中庭及圆形

图2-3 歌诗达威尼斯号椭圆形中庭

图2-4 加勒比公主号流线形中庭

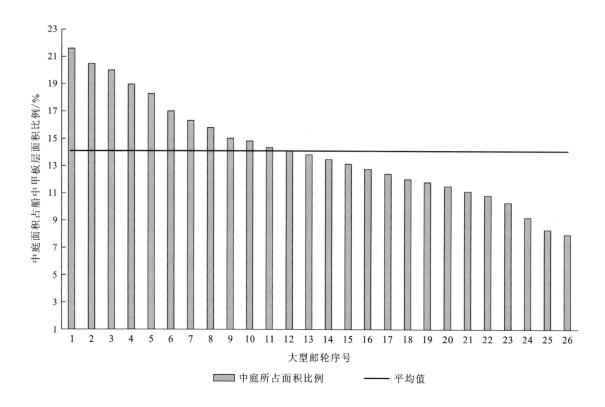

图 2-5　中庭面积占船中甲板面积比例统计

中庭的直径为 29~46m，面积为 300~600m²，其中最大的海洋光谱号邮轮中庭直径达 46m，面积达 700m²。在宽度方面，矩形中庭、流线形中庭及椭圆形中庭的宽度（即大型邮轮中庭入口宽度与船中其他公共空间回廊宽度之和）为 21~32m。在长度方面，矩形中庭、流线形中庭及椭圆形中庭的长度（即大型邮轮中庭入口至其他公共空间临界点长度之和）为 53~71m。在高度方面，所有类型中庭高度的平均值约为 6.65m。总之，基本尺度的差异性塑造了形式各异的大型邮轮中庭结构。

二、中庭空间布局与运营

基于上述大型邮轮中庭资料的整理分析可知，大型邮轮中庭平面形状各异，多以圆形、椭圆形、流线形为主，辅以矩形和方形等平面形状。流线形、椭圆形、圆形等形状作为现代多数中庭设计的主要平面形式，频现于国外大型邮轮的设计之中。

通过对国外大型邮轮中庭空间布局设计的归纳和总结可知，大型邮轮中庭空间布局有 3 种形式，分别是贯穿式、聚心式和复合式。大型邮轮中庭贯穿式布局，是指在船中多层甲板处，设置多个次中心中庭组成巨型中庭，这些中庭按照一定的秩序，贯通整个船中 4~7 层甲板区域，使中庭周边的回廊空间成为大型邮轮重要的交通空间。大型邮轮中庭聚心式布局，是指设置一个面积较大的中庭，再用多个面积较小的中庭集中围绕面积较大的中庭。大型邮轮中庭复合式布局，是指在邮轮船中位置，垂直功能空间采用贯穿式布局，以景观梯道和观光电梯为媒介，横向功能空间采用聚心式布局，以挑空走廊为媒介，分布交通设施和功能单元。这三种形式基本概括了中庭在现役大型邮轮中的布局状况，三种中庭布局的典型平面图如表 2-2 所示。大型邮轮中庭复合式布局的情况较少，贯穿式布局和聚心式布局情况较多，特别是吨位超过 13 万 t 的大型邮轮多采用贯穿式布局。

表2-2　大型邮轮中庭三种典型布局平面图

类型	平面图	特征及优点	代表邮轮
贯穿式		特征：打通船中第3层至第6层的甲板进行中庭布局，纵向高度达3层及以上甲板高度。 优点：气势宏伟，游客可以毫不费力地了解各个空间的大体布置	地中海海岸线号、海洋光谱号、诺唯真喜悦号
聚心式		特征：在船中第3层至第4层甲板进行聚心式中庭设计，纵向高度不超过2层甲板高度，是一个面积较大的中庭，周围聚集多个面积较小的中庭。 优点：避免浪费船中室内空间，集中心感与简洁感为一体	冠达维多利亚女王号、歌诗达幸运号、嘉年华传奇号
复合式		特征：综合了贯穿式布局和聚心式布局的优点，跨越3层或4层甲板区域。 优点：垂直功能空间采用贯穿式布局，以景观梯道和观光电梯为媒介，横向功能空间采用聚心式布局，以挑空走廊为媒介，分布交通设施和功能单元	星辰公主号、荷美奥斯特丹号、迪士尼魔力号

此外，进入大型邮轮中庭的游客类型繁多，包含所有类型的游客。大型邮轮购物空间中充斥着来来往往的消费人群，他们大多带有较为强烈的购买目的；由于收费和冒险性等因素，大型邮轮娱乐空间以中青年游客群体为主；大型邮轮餐饮休憩区域分为普通自助餐厅和高档特色餐厅，不同票价的游客被分流进不同规格的餐厅，这些区域具有明显的身份要求。而大型邮轮中庭空间中，无论老人儿童，持普通卡或金卡的游客，所有游客都会出现在这个空间之中。这里可以汇聚各类游客，感受中庭空间的宏伟和魅力，其中游客个人行为特征十分复杂，这也正是游客行为研究的切入点。

中庭风格的选择最终还是为了实现商业价值，取悦目标游客，让他们感到满意及舒适。因此，大型邮轮中庭空间的风格特点会随着邮轮运营主题的变化而调整，具有不定性。如嘉年华邮轮集团的邮轮设计的核心思想是建造"有趣的船"（funny ship），其中庭空间设计以实现传统与创新相融合为目标，通过优雅、时尚的线条和纤细的有机形态来营造多样性的气氛空间。针对儿童的迪士尼邮轮集团，它的中庭风格特点与迪士尼主题公园很相似，把家喻户晓的迪士尼动画形象和自身的文化优势进一步融入中庭装饰设计中。各邮轮集团都力图设计出与自身业态布局相符的中庭风格，多种艺术风格的混搭是当代大型邮轮中庭空间的重要特点。中庭空间设计代表着一个邮轮集团的文化风格，与服务质量一样，是吸引游客的一个重要组成部分。

在大型邮轮中庭设计中，设计师需要考虑什么样的中庭空间形式有利于游客的交流？什么样的中庭可以连接客舱与其他功能空间，具有疏散、交通并兼具娱乐、休憩、展示等功能？上述问题都应在大型邮轮设计初期的布局与运营研究阶段进行回答。中庭空间由于位于船中甲板的核心位置，起到了连接多种功能区域的作用，负责大型邮轮区域总体设计的设计师会在国际船级社规范的约束下，根据中庭特征、功能需求、市场定位及船东需求综合考虑将邮轮各个公共空间和功能空间进行组织，设计出符合游客行为活动的功能流线，有机地规划不同区域的尺度大小，满足游客的娱乐、消费需求。总之，中庭空间形式的选择和功能分区对大型邮轮功能分区布置具有重要影响。针对大型邮轮中庭布局形式、基本尺度、游客行为、风格等特点进行归纳分析，能够为后文大型邮轮中庭空间环境设计、功能设计、游客行为流线设计提供参考，也为中庭空间物理属性研究提供数据支撑。

第四节　本章小结

本章首先介绍了大型邮轮发展概况，其次进一步凝练大型邮轮中庭空间的概念，最后对大型邮轮中庭空间形式与尺度、布局与运营展开分析。

第一节探讨了大型邮轮发展概况，并简述了中庭空间在邮轮中的重要作用。旅游邮轮的出现，邮轮不再仅是一种交通工具，而成为休闲度假旅行的方式。20世纪60年代以后进入大型邮轮阶段，邮轮业作为一个全新的旅游模式步入高速发展期。大型邮轮多采用垂直分区布置，高层甲板为娱乐休闲及露天活动区，中层甲板为游客居住舱室，低层甲板为购物、中庭活动区，整个大型邮轮功能分区呈现出一种类似三明治的布置形态。在中庭设计方面，海洋君主号邮轮

中庭首先尝试将分流游客、功能使用及卓越的空间表现力结合在一起。这个巨型中庭在很大程度上缓解了游客由于孤立狭窄的空间所带来的不适感，使游客感受到大型邮轮的魅力。这类巨型中庭成为后来多数大型邮轮的标准配置。

第二节探讨了大型邮轮中庭空间的概念。在船体约束性的背景下，大型邮轮中庭空间是一种有天棚的具备共享属性的"通高"公共空间。大型邮轮中庭空间可以从水平和垂直两个方面进行功能组合，成为邮轮设计的重要环节。对于游客体验而言，中庭空间已经成了游客在邮轮展开购物、休闲、社交、休憩、娱乐等多功能行为的重要场所，也被视为邮轮最大的高密度空间。由此可见，与大型邮轮其他室内空间不同，中庭空间承上启下的重要性使其成为凸显邮轮特色、展现邮轮品质的标志性空间。

第三节探讨了大型邮轮中庭空间的特征。首先，大型邮轮中庭空间形式与尺度受到邮轮的定位、主题、吨位、空间比例、满载客数、客舱数、船员游客比等众多因素的影响。从设计约束性上看，大型邮轮复杂的功能属性及重要的交通枢纽地位增大了其设计上的难度，需要考虑功能布局的影响因素和限制条件，包括顺畅的疏散通道和游客流线、安全防护要求和措施、合理的功能分区。大型邮轮中庭形式多种多样，主要涵盖椭圆形、方形、矩形、流线形、圆形等。2005年后建造的大型邮轮中庭面积所占比例都在13%以上，平均中庭面积所占比例为15.7%，大型邮轮中庭层数多数为2~4层。方形中庭及圆形中庭的平均宽度为23.1m，平均面积为536m^2；流线形中庭、矩形中庭和椭圆形中庭的平均宽度为28m，平均长度为57m，平均面积为583m^2。其次，通过对国外大型邮轮中庭空间布局设计的归纳和总结，中庭空间主要布局形式分为3种，即贯穿式、聚心式和复合式。最后，大型邮轮中庭空间的风格特点会随着邮轮运营主题的变化而调整，会综合参考航区、面向主流游客的行为偏好及邮轮公司运营理念等因素。

大型邮轮中庭空间环境设计研究

本章从大型邮轮中庭空间环境设计入手，对中庭空间物理环境的概念进行定义与解析，归纳了影响中庭空间环境构成的三个物理要素，即风格形式、材料和色彩。

物理环境是构成大型邮轮中庭空间最基本的要素。游客在到达中庭空间时，第一印象必然是由中庭空间物理环境和其内部布置留下的。在此情境下，物理环境就承担着展示中庭空间物理特征、空间效果的重任。如果一艘大型邮轮中庭空间没有完善的、让游客印象深刻的物理环境，那么中庭空间就失去了吸引游客进入的第一次机会。因此，物理环境在大型邮轮中庭空间设计中处于重要并且基础的地位。

据此，本章主要从风格形式、材料和色彩的角度出发，分析大型邮轮中庭空间物理环境。同时，本章将游客在中庭空间的亲身体验与物理环境组成要素结合起来分析。

第一节　中庭空间风格形式设计

风格形式是对物理环境直观的反映，也是所有物质元素的聚合，风格形式展现出的特征，直接映入游客的视觉感官。当代大型邮轮中庭空间装修风格形式多种多样，按照世界三大邮轮集团（皇家加勒比、嘉年华、歌诗达）的分类定义，以20世纪80年代至21世纪初为时间轴，大型邮轮中庭空间风格形式可以分为三类：新古典主义、新航区主义和新现代主义。

一、新古典主义

新古典主义是指在大型邮轮的中庭空间设计中，船舶设计师将世界各国不同历史时期经典装饰元素与中庭功能相结合，从而展现出具有色彩柔和、风格鲜明且反映出传统文化底蕴的中庭空间效果。由于目前大型邮轮主要来自于欧美国家，因此中庭空间装饰也以欧美文化为主导。中庭采用欧式古典主义作为风格基调，使用大量欧式古典元素，创造出优雅华贵的空间效果。代表性大型邮轮有嘉年华光荣号，歌诗达赛琳娜号，海洋领航者号，地中海抒情号。

此外，不同品牌营销策略让船舶设计师在设计大型邮轮中庭时猎奇性地使用了世界不同民族具有代表性的古典装饰风格，如中国风格、非洲风格、日式风格和南美玛雅风格等。物理环境中的色彩、材料、灯光等元素要围绕主题风格展开设计，这些新古典主义风格的运用，能够创造出活泼和有趣的氛围，让中庭空间展现出令人印象深刻的空间效果，增加游客的度假乐趣。

1. 欧式古典风格

欧式古典主义追求华丽、高雅，其风格直接对欧洲绘画、建筑、家具、船舶甚至音乐都产生了极大的影响。欧式古典主义包含12—16世纪欧洲各国的古典设计元素，主要以意大利、法国、希腊、德国、西班牙、英国等国家的设计风格为主。典型的欧式古典风格，以鲜艳的色彩、精美的造型、典雅的装饰、恢宏的气势达到雍容华贵的装饰效果。

现役大型邮轮很多中庭空间都采用了欧式古典风格，以歌诗达邮轮集团旗下大型邮轮最具代表性。由于欧式古典风格注重比例和几何规律，强调传统构图原则与数学定律，整体风格高贵而优雅，适合塑造中庭恢宏的空间效果。在欧洲中世纪，古典风格主要是为贵族和皇室服务的，能够形成严谨典雅的感觉，产生一种与游客日常生活相去甚远的优雅华丽氛围，也满足了游客猎奇的心理。以下对大型邮轮中庭空间出现过的欧式古典元素进行归纳分析。

（1）文艺复兴元素

文艺复兴起源于意大利，随后扩展到西欧各国。文艺复兴思潮提倡复兴希腊古罗马时期的建筑形式，一方面采用古典柱式、穹顶及拱券，另一方面大胆创新，将不同地区建筑风格同古典柱式结合在一起。大型邮轮中庭空间内大量使用各种不同类型的柱式，如多立克柱式、科林斯柱式、爱奥尼柱式、塔司干柱式和混合柱式，它们在气氛渲染和装饰中起到了重要作用。例如，意大利歌诗达威尼斯号邮轮中庭善于运用科林斯柱式作为中庭主体结构，再搭配中世纪的雕塑，营造了气势磅礴的效果（图3-1）。

（2）哥特元素

哥特式风格最初多运用于欧洲宗教建筑，频繁运用不同形态的纤细的延伸线条是其主要特征，能够彰显线条的韵律感。在大型邮轮中庭空间设计中，皇家加勒比邮轮高大的挑空中庭、集束柱式及纤细空灵的龙骨结构诠释了哥特元素的应用效果。例如，皇家加勒比海洋自主号邮轮就采用了哥特元素，产生一种正式感和秩序感（图3-2）。

（3）巴洛克元素及洛可可元素

巴洛克元素强调浓郁的色彩、丰富的线脚和雕刻，能够塑造出一种富丽堂皇的喜剧化效果。相比巴洛克元素而言，洛可可元素则强调装饰的精美、纤细和烦琐，包括将自然界中的植物叶片、海洋生物转化为曲线纹样，进而形成富有韵律并具有装饰感的纹样效果。例如，皇家加勒比海洋探险者号邮轮中庭就采用了S形和漩涡形曲线纹样装饰，配上金色和红色色调营造华贵典雅的氛围，把洛可可风格淋漓尽致地展现在中庭空间内（图3-3）。

此外，欧式古典风格大量应用在现役大型邮轮中庭、复合功能空间中，对其在中庭空间内的应用特点可归纳为以下两个方面：

（1）注重数学定律和传统构图原则

在欧洲古典美学中，已经有一套非常完善的度量法则

图3-1　歌诗达威尼斯邮轮中庭文艺复兴元素

图 3-2　海洋自主号邮轮中庭哥特元素

图 3-3　海洋探险者号邮轮中庭洛可可元素

和构图体系。古典主义的代表人物勃隆台（Blondel）曾经说过："美产生于度量和比例。"大型邮轮中庭空间的美在于整体和局部之间的相互比例关系。对称与均衡是帝王公主号邮轮中庭构图的基本特点（图3-4）。其中对称是指两侧完全相同的镜像式构图，中庭空间会产生严谨、高贵、

典雅的视觉效果。均衡是指布局上等量不等形的平衡，中庭物理环境视觉感受应接近平衡状态，但并不是镜像式完全对称。因此，设计师会借助色彩、形状、材料、尺度、灯光效果等在视觉层面调整中庭空间均衡式构图。相对于完全镜像的对称式构图，大型邮轮中庭空间运用均衡式构图会显得更

图3-4 帝王公主号邮轮中庭空间构图
（图片来源：作者根据公主邮轮集团编印的《帝王公主号邮轮图册》整理）

具动感和视觉张力。

（2）引用欧式古典元素

欧式古典元素来源于中世纪欧洲各国的古典设计，通常给人们带来怀旧、猎奇、浪漫等感受。由于大型邮轮甲板布局具有严谨的对称性，正好符合传统构图原则，加上欧式古典元素在中庭内的应用，中庭空间会呈现出高贵典雅的气氛，但设计师还需要考虑到主题定位、商业运营和游客审美等因素。在20世纪90年代，部分大型邮轮中庭空间设计甚至会完全复制古典欧式场景。

2.其他装饰风格

大型邮轮设计师会时常以世界上不同民族的历史文化来塑造中庭空间，并且中庭空间通常会以某一民族的神话命名。例如，歌诗达赛琳娜号的中庭，以罗马神话为背景，命名为万神殿。整个中庭空间运用罗马神话众神为装饰元素，众神踏着朵朵白云从天而降，塑造出众神"俯视"并"保佑"整艘邮轮的效果。在大多数情况下，大型邮轮中庭空间会以文化元素作为装饰品，提升中庭空间的品质。

除欧式古典主义风格以外，还有以非洲风格、中式风格、日式风格、埃及风格、南美风格为主的其他装饰风格，其特点体现在以下两点：

（1）变形

由于大型邮轮与陆地建筑相比，尺度和空间有更多的限制，舱室的局限性使得舱室的装饰无法完全照搬历史文化场景，依据舱室特点进行变形处理是必然的选择。欧洲大型邮轮中庭多采用功能的变形，即抛弃历史元素的"使用功能"，使其成为中庭空间的装饰艺术品。嘉年华展望号邮轮中庭采用精湛的加工工艺，使装饰灯柱经过一系列的形式变化成为中庭的装饰品（图3-5）。

图3-5　嘉年华展望号邮轮中庭装饰灯柱

（2）夸张

大型邮轮会集中使用历史元素，并将其夸大，应用于中庭空间形成一种装饰效果。嘉年华邮轮集团较频繁地使用某个历史文化的典型元素作为大型邮轮中庭装饰，配上显眼的金色和红色，采用舞台表演类的灯光照明作为烘托，营造夸张的视觉效果。如嘉年华灵感号邮轮将南美玛雅风格夸张性地应用于中庭空间装饰中，营造了一种异国情调（图3-6）。

二、新航区主义

在陆地建筑风格分类中，有一类被归纳为新航区主义风格。这种分类方法基于地域环境与文化习俗的差异，不同地域的建筑有不同的风格。新航区主义来源于大型邮轮装修风格在不同航区的差异。目前大型邮轮在全球范围内的航区共分为10个（表3-1）。

表 3-1　世界大型邮轮航区分类

航区	航线	邮轮运营公司（家）
地中海航区	地中海和希腊群岛	24
北美航区	加拿大、加勒比和阿拉斯加	17
北欧航区	北欧和环英国	13
北极探险航区	北极	11
南非航区	南非	9
南美航区	南美	9
中东航区	中东	7
澳大利亚航区	澳大利亚	6
东南亚航区	东南亚	5
印度洋航区	印度洋	3

从表3-1中可看出，地中海、北美和北欧是邮轮运营

图 3-6　嘉年华灵感号邮轮中庭南美玛雅风格元素
（图片来源：欧美邮轮评价家网站 www.cruisecritic.com）

公司数量最多，并且整体风格受地域文化影响最为明显的航区。下面将以地中海、北美和北欧航区为例，分析不同航区的大型邮轮中庭空间装饰风格特点。

1. 地中海航区风格

自 20 世纪 80 年代以来，观光类大型邮轮进入蓬勃发展阶段，地中海地区就成了重要的航线。地中海沿岸共有意大利、法国、希腊、西班牙等十几个文化习俗鲜明的国家，横跨欧亚非三大洲，具有优越的地理位置。世界各大邮轮运营公司都在地中海地区设有航线。地中海地区夏季炎热干燥，冬季温暖湿润。依据独特的区域特点，地中海航区风格融合了这一地区的民族文化、田园风情、长海岸线等因素，使得地中海航区风格具有自由奔放、色彩多样明亮等特点。

地中海航区风格在大型邮轮中庭空间中十分常见，原因在于地中海航区风格本身就是一种轻松和自由的海洋风格，恰好和海洋观光旅游主题相匹配。地中海航区风格在中庭空间内能够营造出一种海边轻松和舒适的氛围，减少矫揉造作的装饰，恢宏的空间效果让游客感到悠闲自得。地中海航区风格在中庭上的应用主要表现出三个方面特征。

（1）瓷砖镶嵌工艺和复杂的马赛克效果

大型邮轮中庭常常使用马赛克镶嵌画来表达宗教题材。这类手法起源于古希腊晚期，到罗马时期已被广泛使用，在君士坦丁堡早期的基督教建筑中经常出现。歌诗达幸运号邮轮中庭使用瓷砖镶嵌工艺及马赛克融合的方法创作的装饰墙，具有既高雅又平易近人的特点（图 3-7）。这种手法结合大量柱式、丰富的色彩、华美的线脚装饰，把中庭营造成一个庄重正式的场所。

（2）墙面与隔断

地中海温暖的气候使得当地的建筑空间多变且空旷，常常使用通透性较强的方形或者拱券形门洞进行隔断。虽然气候对大型邮轮中庭空间的影响很小，但是这种通透性的隔断方式在中庭空间与其他空间的交界处时常出现，对不同功能区域进行合理分隔，让游客感受到功能区域的"边界"。

图 3-7　歌诗达幸运号邮轮中庭瓷砖镶嵌工艺及马赛克融合的效果
（图片来源：作者根据歌诗达邮轮集团编印的《幸运号邮轮图册》整理）

皇家加勒比海洋探险者号邮轮中庭与其他功能空间之间就采用了墙面隔断的方式，通过墙面隔断把中庭和艺术画廊进行了空间分割（图3-8）。

（3）浑圆的曲线

由于地中海风格的表现手法与大海息息相关，海水在海风的吹拂下会产生柔美的波浪线，这些大海中浑圆的曲线是地中海风格的重要元素。相比棱角分明的几何线条，柔美的曲线显得更加自然。在皇家加勒比旗下的邮轮中，设计师经常使用浑圆柔美的曲线塑造中庭空间（图3-9）。

2. 北美航区风格

北美航区包括加拿大、阿拉斯加和加勒比航线，是目前世界上重要的大型邮轮航区。北美航区的运营对象主要是美国和加拿大的游客群体。因此，北美航区的大型邮轮中庭会根据美国和加拿大的文化习俗、艺术风格进行设计和建造。美国和加拿大都是典型的移民国家，依托当地特殊的自然条件、发达的科技及多元化的人文因素，形成了自由洒脱和多元化的北美航区风格。

北美风格营造了一种自在、随意、舒适的环境，并且没有太多矫揉造作的装饰，成就了中庭空间自由的混搭主义风格。最具代表性的是美国皇家加勒比邮轮集团，其麾下邮轮中庭空间既具有欧式的豪华与奢侈，又融合了美式的自由洒脱。这种设计手法剔除了繁杂装饰的羁绊，同时保留了北美地区的传统文化，让传统与多元化风格在中庭空间内体现得淋漓尽致。北美航区风格在大型邮轮中庭上的应用主要表现出三个方面的特征。

（1）以人为本和注重实用

虽然北美航区风格继承了欧式的奢华，但是与欧洲古典主义刻板的特点不同，北美文化注重人与家庭的关系，所以，北美航区风格在中庭空间设计中的应用有一种温馨和舒适的特点。北美地区人们注重实用主义，他们认为产品是用来使用的，而不只是用来欣赏的。北美航区风格注重使用者的心理感受，这也是其设计的精髓。例如，皇家加勒比海洋水手号中庭空间采用了典型的以人为本和实用主义风格，宽敞的观景平台能够满足游客驻足交流的需求，中庭吧台区域放置了适合家庭聚会的宽大桌椅，塑造了经典的北美航区风格。

图3-8　海洋探险者号邮轮中庭墙面隔断效果

图 3-9　皇家加勒比旗下邮轮中庭景观电梯

（2）自由大气

相对于西班牙和意大利风格，北美风格的中庭空间显得更为粗犷。这不仅体现在材料选择上，还表现在它所呈现的视觉冲击力上。此外，在中庭空间的装饰上，北美风格仍延续了欧式纤细且富有韵律的装饰纹样，但也会加入体现北美文化特征的图案，并用镶嵌的装饰手法，在中庭柱式上饰以浅浮雕。北美风格汲取了美国文化元素，设计师注重从自身对艺术的感受和邮轮的特点出发，设计出符合北美航区风格的方案。

（3）仿古风格

北美风格的大型邮轮中庭空间，在木饰和石材装饰选择上多偏向于华丽、复古的材质。由于北美人们喜欢有历史感的东西，这不仅体现在北美家庭在室内软装和装饰品布置上对仿古艺术品的偏爱，也反映在室内装修上人们对各种仿古石材、地砖及仿旧工艺的追求。例如，北美航区的嘉年华想象号邮轮中庭特别讲究地毯、装饰品的布置，借助具有北美民族特色的雕像、装饰画、古旧书籍、模型等，为整个中庭营造出既富有历史气息又明快的氛围（图 3-10）。

3. 北欧航区风格

北欧航区的大型邮轮中庭空间设计注重功能化，简洁并且贴近自然。北欧航区中庭空间常用色块和线条来区分或者装饰空间，同时在休憩区辅以北欧风格的家具。北欧航区的大型邮轮中庭空间设计风格是当代非常流行的风格之一，不仅强调美学和功能相结合的设计观点，还保证了舒适性。此外，该航区大型邮轮中庭空间设计讲究环保和注重品质，与未来环保型邮轮的设计方向一致。北欧航区风格在大型邮轮中庭上的运用主要体现出以下四个方面特征。

（1）人性化的设计

北欧航区风格的中庭空间，一切都是以游客需求为目的，所有的设计都是围绕游客的行为活动展开的。所以，北欧航区大型邮轮中庭空间设计的重要的特点，就是对游客行为流线的研究、对人机工程学的运用、对中庭内家具和空间的灵活性斟酌，以及物理环境中人性化的细节处理。

（2）简洁的布局

北欧航区风格的简洁有其历史原因：当欧洲盛行中小型邮轮时，设计师摒弃了很多受希腊和罗马风格影响的烦琐的装饰。传统的艺术陈设、简洁的色彩和简洁的曲线，既保留了传统文化的特征，又不失北欧注重简洁的设计原则。所以，北欧航区风格适合于有限的中庭空间，并结合舱室形态特征，发展成一套完善且独立的简洁风格。例如，北欧航区的诺唯真珠宝号邮轮中庭就采用了北欧航区风格（图 3-11）。

图 3-10   嘉年华想象号邮轮中庭仿古风格

（图片来源：欧美邮轮评价家网站 www.cruisecritic.com ）

图 3-11   诺唯真珠宝号邮轮中庭北欧航区风格

（图片来源：作者根据诺唯真邮轮集团编印的《珠宝号邮轮图册》整理）

（3）自然的灵感

北欧地区自古以来就非常注重对自然的保护和可持续发展，同时自然元素也给北欧风格带来了设计上的灵感。许多大型邮轮中庭空间都运用了自然元素的图案，如陆地上的动物、树叶、花草，以及各种海洋生物。此外，中庭空间内的北欧风格，还表现在对自然材料纹理的应用上，中庭梯道环围所用木料常常会保留天然的结疤和木纹。诺唯真畅悦号中庭休憩区的地毯不仅运用了自然元素的图案作装饰，其编织纹理也考虑到与材料本身的肌理、色彩和质感相结合（图3-12）。

（4）传统的元素

北欧航区的中庭空间设计并非是激进地把传统和现代两者对立起来，而是试图保留传统的民族特点和风格。通过现代的技术和工艺，舍弃繁复的细节，将北欧传统元素保留下来。中庭空间内运用的元素主要包括传统的图案、传统的色彩、传统的曲线、传统的艺术陈设等。例如，在北欧航区的诺唯真邮轮中庭空间内，设计师注重品质并讲究节约物料，运用了体现北欧传统文化的装饰元素，通过人性化的细节处理，营造了亲切的空间氛围（图3-13）。

图 3-12　诺唯真畅悦号邮轮中庭地毯效果
（图片来源：作者根据诺唯真邮轮集团编印的《畅悦号邮轮图册》整理）

图 3-13　诺唯真邮轮中庭内的传统元素运用
（图片来源：欧美邮轮评价家网站 www.cruisecritic.com）

三、新现代主义

新现代主义是指 20 世纪 50 年代以后在室内设计中出现的设计思潮，也是对 20 世纪 50 年代之前的各现代主义流派进行的重新演绎。大型邮轮中庭的现代主义风格，主要指平面美术风格、新装饰艺术风格和新简约主义风格。这些风格特征都受到船舶新材料和新技术的影响。新现代主义风格代表着大型邮轮中庭空间新的风格形式和设计方向，体现了时代的发展和游客审美观念的变化。

1. 平面美术风格

平面美术的范围已经从最早的广告印刷扩展到了建筑设计、工业设计、室内设计、服装设计以及船舶设计等领域。平面美术风格的特点是奔放和大胆，不受传统室内装饰的约束。平面美术风格主要把自由变化的尺度、华丽的色彩应用在中庭空间装饰上，同时借助舱室灯光的变化，让游客产生耳目一新的感觉。

平面美术风格对材料的肌理要求低，制作过程简单，并且对空间的影响较小。这些优点使得平面美术风格在大型邮轮中庭内的应用非常广泛。本书通过对现役大型邮轮中庭的分析，将中庭空间内出现的平面美术风格的特点归纳为以下两个方面。

（1）形式多样化

平面美术风格不是一种单一的风格，中庭空间内的平面美术风格可以多种多样，既可以在中庭舱室墙面充斥着波普艺术的世俗与大胆，又可以诠释欧式古典主义的纯净和优雅。所以，中庭空间内的平面美术风格是可以和任何其他风格互相搭配出现的。此外，平面美术风格并不仅限于"二维平面"，它是一种装修手法，也可以通过不同的材料和肌理塑造浮雕效果，形成"三维立体"的效果。例如，皇家加勒比海洋冒险号邮轮中庭采用了形式多样的平面美术风格进行装饰（图 3-14）。

（2）双重信息

大型邮轮中庭空间的平面图案除了具有美学效果外，还能向游客传递导识信息。如歌诗达赛琳娜号中庭墙面上采用了图形、文字和色彩相结合的图示导识，既能给游客带来视觉美感，又能展示中庭空间内的风格形式。平面美术风格还可以起到信息引导的作用，完善了大型邮轮整体舱室的导识系统，增强了信息传达的趣味性（图 3-15）。

2. 新装饰艺术风格

新装饰艺术风格在中庭空间内的应用会强烈刺激人们的感官。它最早出现在 20 世纪 20 年代的法国，流行时期是在 20 世纪 30 年代。新装饰艺术风格主要受众群体为中产和新富阶层，它以新奇和富丽的现代感闻名遐迩。新装饰艺术风格更多的是一种思潮，并非某种特定单一的风格，是两次世界大战之间对装饰艺术风格的总称，这些中产和新富阶层渴望倾诉自己的生活态度，又不愿完全照搬传统风格。新装饰艺术风格趋向于设计一种新的生活方式，营

图 3-14　海洋冒险号邮轮中庭空间

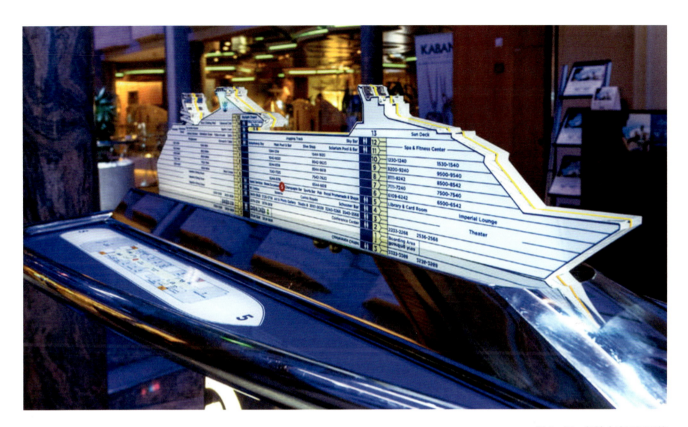

图 3-15　邮轮中庭导识系统
（图片来源：欧美邮轮评价家网站 www.cruisecritic.com）

造一种感性生动的氛围。

　　新装饰艺术风格注重材料的光泽和质感，在大型邮轮中庭空间设计上采用不规则的几何形状进行装饰，色彩强调运用金属色、对比色和纯色，渲染出华丽的视觉效果。这种新材料和新技术的应用及恰到好处的细节处理，既没有完全照搬欧式古典风格，又避免使游客产生过于冷漠的感觉。大型邮轮中庭空间的新装饰艺术风格包括以下三方面特点。

　　（1）新材料和新工艺

　　新装饰艺术风格大量应用新材料和新工艺。它综合了新古典主义和现代装饰艺术的特点，采用一种折中的态度，减少大量烦琐的工艺操作，借助机械提高效率，缩短邮轮交付时间；设计师通过新材料和新工艺来创造新的中庭装饰风格。例如，皇家加勒比海洋灿烂号邮轮中庭景观楼梯采用新型铝材加工技术，让中庭既保持了简洁，又不完全抛弃装饰，实现了功能与装饰的结合（图 3-16）。

　　（2）华丽的装饰线条

　　新装饰艺术风格通过装饰线条来诠释风格特点，通常

大型邮轮中庭空间的装饰线条应用手法大胆，突出材料的光泽和质感。例如，邮轮中庭内装饰线条选用了鲜艳的纯色和金属色，追求一种自然而纯朴的意境，塑造了绚丽华美的视觉效果（图 3-17）。

　　（3）猎奇的地域风格

　　由于新装饰艺术风格的主题多元化，人们开始注重不同地域的风土人情。在 20 世纪 90 年代左右，大型邮轮中庭空间内的风格主要受欧洲文化影响；从 21 世纪开始，中庭空间装饰受到东方风格影响，到后来嘉年华和荷美邮轮又猎奇性地采用埃及文化、非洲文化和玛雅文化，塑造了主题风格多样的中庭空间。例如，荷美如德丹号邮轮中庭就运用了代表埃及文化的狮身人面像作为装饰（图 3-18）。

　　3. 新简约主义风格

　　简约主义最早出现于 20 世纪初，简约主义的核心思想是由世界现代主义建筑设计大师密斯·凡德罗提出的"少即是多"的设计理念。到 20 世纪中期，各种设计思潮的兴起让简约主义慢慢淡出人们的视线。直到 20 世纪 80 年代以后，在对极简美学和复古风潮反思的基础上发展起来了新简

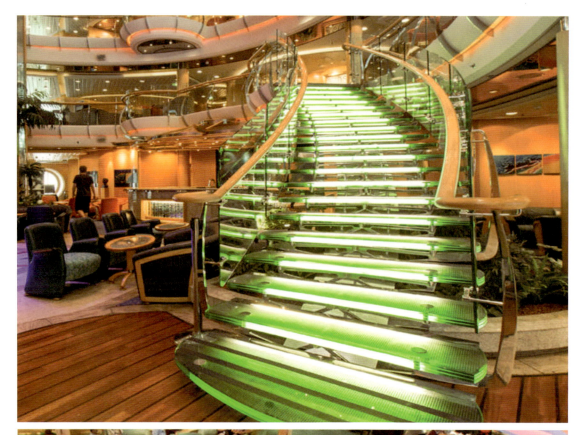

图 3-16　海洋灿烂号邮轮中庭景观电梯

（图片来源：作者根据皇家加勒比集团编印的《灿烂号邮轮图册》整理）

图 3-17　邮轮中庭装饰线条

（图片来源：欧美邮轮评价家网站 www.cruisecritic.com）

图 3-18　荷美如德丹号邮轮中庭内的狮身人面像
（图片来源: 作者根据荷美邮轮集团编印的《如德丹号邮轮图册》整理）

约主义风格，注重人本来的需求，宣扬简约主义精神。

　　新简约主义在设计上强调点、线、面之间的关系，抛弃了矫揉造作的装饰，追求一种理性的简约。新简约主义可以在大型邮轮中庭内创造一种放松、宁静的空间氛围，为游客提供摆脱繁杂装饰的场所，增强他们在中庭内的休憩感。并非所有的中庭主题都是热闹、喧哗的，冠达邮轮主题定位就推崇舒适、放松、宁静的氛围，在这种情况下，中庭空间会采用新简约主义风格。

　　从新简约主义风格本身来看，由于注重纯净空间，很少使用繁杂的装饰，对舱室空间内家具、构件的造型要求都非常严格。因此新简约主义风格在大型邮轮中庭空间出现的情况比较少，更多的是局部使用新简约主义元素作为点缀。大型邮轮中庭内的新简约主义风格有以下两个特征：第一，在材质上多采用符合船级社规范的金属或玻璃型材，给游客

带来一种"理性"和"硬朗"的现代感；第二，在中庭装饰上多采用大对比和大平面的风格形式，减少界面的曲线造型，追求线条利落和平直简约，塑造了一种哲学意味的纯净美。

第二节　中庭空间材料应用设计

　　材料是物理属性重要的构成要素，大型邮轮中庭建造会使用到各种不同类型的船舶材料，这些材料对中庭空间塑造起到了至关重要的作用。与陆地建筑材料不同的是，大型邮轮舱室内的材料首先应满足国际海事组织（International Maritime Organization）和《国际海上人命安全公约》（*International Convention for Safety of Life at Sea*）的法律法规，其次要获得国际船级社协会（International Association of Classification Societies）的认证，并具有国家级认证机构

出具的材料认证证书。这些要求使得大型邮轮材料的选择比陆地建筑更为严格。

本书主要探究各类装修材料对风格的塑造作用，从设计学视角关注材料与游客感受之间的关系。船舶材料的重量、防火性能、安全性能、经济性、强度等，不在本书的研究范围之内。从游客的触觉和视觉层面出发，对大型邮轮中庭材料进行了归纳，主要分为以下五类：石材和仿石材料、木材和仿木材料、织物材料、玻璃材料、金属材料。

一、石材和仿石材料

石材和仿石材料是大型邮轮中庭使用最多的材料，因为其具有耐水性、耐腐蚀性、耐火性、硬度高、纹理优美等特点；其缺点是自重大，在安装建造过程中易出现破碎现象。由于石材和仿石材料本身坚硬的性质，适合塑造中庭气势恢宏的空间效果，缓解游客由于孤立狭窄的楼梯带来的不适感，适合在中庭等公共空间使用。

大型邮轮舱室中出现的石材可分为两类：一类是烧制类石材，如饰面砖和瓷砖；另一类是高品质装饰石材，其价格昂贵、纹理优美，如大理石和花岗石等。中庭通常都会使用高品质装饰石材，以此拉开与其他公共空间的等级差距。在中庭的石材和仿石材料的使用上，不同的风格形式会产生不同的效果。

1. 欧式古典风格中庭的石材和仿石材料应用

石材和仿石材料是欧式古典主义主要的装饰材料之一。很多大型邮轮中庭出现的欧式经典元素，如浮雕、柱式、拱券，都需要通过石材和仿石材料表现出来。船舶设计师在石材的选用上，会优先考虑具有优美纹理的大理石和花岗石，再通过后期的精雕细琢，形成中庭内精美的装饰纹理。

在雕琢造型上，欧式古典风格强调石材的精美和复杂，突出石材和仿石雕刻的体积感和优美的造型。北欧航区邮轮中庭空间常使用石膏进行雕刻，强调断裂和扭曲的曲线，追求造型上的张力。如海洋光辉号邮轮中庭内的石膏雕刻就有着强烈的光影效果和优美的造型，第一眼就会给游客产生强烈的视觉冲击力（图 3-19）。

2. 地中海风格中庭的石材和仿石材料应用

地中海风格中，拼贴瓷砖和五彩斑斓的马赛克是大型邮轮中庭空间的主要特色元素之一。马赛克效果可以由贝壳、瓷砖、玻璃珠、彩色石子等素材拼贴而成。马赛克瓷砖拼贴是一种华丽典雅的装饰手法。在大型邮轮中庭地面上，设计师会使用仿古砖、花砖和赤陶砖诠释地中海风格的华丽效果。此外，不同的石材拼贴可以形成多样化的图案，例如，皇家加勒比海洋独立号邮轮中庭采用仿古砖和赤陶砖斜拼和直拼的方法形成不同的纹理效果，使整个中庭地面显得既

图 3-19　海洋光辉号邮轮中庭内的石材应用
（图片来源：作者根据皇家加勒比邮轮集团编印的《海洋光辉号邮轮图册》整理）

华丽又典雅（图 3-20）。

3. 北美风格中庭的石材和仿石材料应用

石材和仿石材料同样是北美风格的大型邮轮中庭装饰的重要材料。由仿石面砖、红砖和片石等材料构筑吧台和装饰墙面，能够诠释北美风格中的生动自然、粗犷大气的风格特点，营造大气而不失自在的氛围。北美风格对石材的应用与其他风格不同，很少进行深度打磨和后期加工，而是还原石材的自然面貌，塑造一种自然质朴的视觉感受。例如，北美航区的皇家加勒比海洋水手号邮轮中庭内的立柱就采用了粗犷大气的石材，塑造了一种生动的北美风格（图 3-21）。

图 3-20　海洋独立号邮轮中庭地面仿古砖拼贴

（图片来源：欧美邮轮评价家网站 www.cruisecritic.com）

图 3-21　海洋水手号邮轮中庭立柱
（图片来源：作者根据皇家加勒比邮轮集团编印的《海洋水手号邮轮图册》整理）

4. 新装饰艺术风格中庭的石材和仿石材料应用

新装饰艺术风格注重石材和仿石材料的拼接。石材本身天然优美的纹理效果在新装饰艺术风格的中庭空间设计中占有一席之地，主要是用石材拼贴进行平面构成。例如，抛光的彩色石子、大理石、云石与木材、玻璃等组合在一起，在皇家加勒比海洋冒险号邮轮中庭墙面和地面形成了形式多样的拼贴纹理效果（图3-22）。

5. 新简约主义风格中庭的石材和仿石材料应用

经过人工加工的石材和仿石材料具有坚硬流畅的造型特点，这种简单几何形体的特点与新简约主义的内涵十分契合。因此，石材和仿石材料也常常作为新简约主义风格中庭空间的装饰材料使用。此外，中庭墙面瓷砖、平铺的地砖除了具有简洁流畅的特点外，其天然的网格状纹理将新简约主义风格诠释得淋漓尽致。

二、木材和仿木材料

木材和仿木材料是最常见的装饰材料，由于大型邮轮对材料要求的特殊性，对木材和仿木材料的防火能力要求得更为严格。经过特殊工艺加工的木材和仿木材料在大型邮轮舱室内广泛应用。木材具有柔美的触觉，多样化的纹理，能够给大型邮轮舱室带来自然气息。在中庭充满钢铁结构的环境中，木材的使用会给冷冰冰的舱室带来一丝温情。木材是船舶装饰中历史最为悠久的材料之一，在大型邮轮中庭空间装饰中具有重要的作用。

1. 欧式古典风格中庭的木材和仿木材料应用

欧式古典风格的中庭强调装饰和精致的细节处理。作为欧式古典风格代表的歌诗达邮轮的舱室装饰和细节处理一直备受推崇。在欧式古典风格的大型邮轮中庭空间中，木材除了可以被用来制作家具外，还常常用于制作复杂的木脚线、装饰墙面的木镶板等构件。在造型上，欧式古典风格中庭内的木制品具有纤细多变、造型复杂的特点，中庭墙面会使用木镶板配古典风格的油画装饰。例如，红宝石公主号邮轮中庭还将装饰画与木料背景墙相结合，辅以纤细精美的曲线脚线，诠释了欧式古典风格中的温情与柔美（图3-23）。

2. 地中海风格中庭的木材和仿木材料应用

地中海风格的中庭会大量使用木材和仿木材料，作为

图3-22　海洋冒险号邮轮中庭地面石材应用
（图片来源：欧美邮轮评价家网站 www.cruisecritic.com）

图 3-23 红宝石公主号邮轮中庭的木料应用
（图片来源 作者根据公主邮轮集团编印的《红宝石公主号邮轮图册》整理）

地板、吧台围栏、中心景观楼梯、梯道环围的制作材料。中庭内木制的中心景观楼梯和梯道环围，具有线条简单流畅、低彩度的特点。在色彩上，中庭木制品偏向暴露木材本色，减少颜色涂料的加工，体现自然的印记。此外，地中海风格注重对人文历史传统的诠释，因此地中海风格的中庭会通过表面打蜡的方式，体现木材古色古香的质感。在一些中庭梯道环围位置，木制宝瓶状栏杆成为梯道环围的代表性装饰元素之一。例如，皇家加勒比海洋灿烂号邮轮中庭就采用木料立柱和扶手诠释地中海风格的亲和力（图 3-24）。

3. 北欧风格中庭的木材和仿木材料应用

北欧航区的大型邮轮偏向木材装饰，在中庭、客舱、娱乐空间和餐饮类休憩区域都使用了木材和仿木材料。北欧的诺唯真邮轮中庭对木材的使用抱有一种诚恳的态度。诺唯真邮轮中庭内的中心景观楼梯和梯道环围不会刻意遮盖木材本身的纹理和构造节点，会保留木材的肌理效果。这种细节上的处理体现了北欧航区大型邮轮对自然材料本身的追

求。在色彩上，木材的选配与空间整体色调相协调，木材的肌理和色泽让中庭空间整体色调变得清新自然。在造型上，松木、桦木和枫木等木制品在北欧风格的中庭空间广泛应用，这些木制品几何感强、造型简洁。在中庭的墙面、吧台、梯道环围等处的装饰上去除了烦琐的元素，强调立体构成和平面构成的美感。

4. 北美风格中庭的木材和仿木材料应用

木材和仿木材料是北美风格中庭的主要选材之一。北美风格中庭多选北美地区盛产的枫木和松木，既保留了木材原始的质感和纹理，又保留了虫蛀的痕迹，展现出明快粗犷的北美情调。在造型上，北美风格中庭的挑空走廊、景观楼梯、梯道环围淡化了欧式古典和地中海风格中过多的繁复装饰，同时借鉴了欧式古典风格的优美造型，再与现代主义相结合，塑造出的中庭空间整体线条简洁明快、空间宽大舒适。例如，北美航区的皇家加勒比海洋圣歌号邮轮中庭就采用了大量木料，保留了其原始的质感和纹理，向游客传递出崇尚

图 3-24　海洋灿烂号邮轮中庭的木料应用
（图片来源：作者根据皇家加勒比集团编印的《灿烂号邮轮图册》整理）

自然材料的北美风格（图 3-25）。

5. 新装饰艺术风格中庭的木材和仿木材料应用

　　新装饰艺术风格强调木材和仿古材料的有机结合与拼贴，糅合了传统与现代的风格形式。新装饰艺术风格中庭注重表现木材和仿木材料的光泽和质感，除了传统的木材加工工艺与装饰手法外，中庭内的梯道和吧台会采用木材镶嵌皮革、金属和彩色玻璃等材料的方式表现灵动的风格。这些辅材的使用会给中庭内厚重的木材带来活泼的气息。新装饰艺术风格中庭的地面会采用镶木地板作为饰面材料，景观楼梯也会使用不同色泽的木材进行组合。新装饰艺术风格中庭内的木材多选择实木，保留木材的色泽和纹理，并通过深红色和褐色的对比，加强视觉艺术性。新装饰艺术风格中庭的装饰墙面有时还会采用金色或银色点缀于局部线脚和转折面，突出了中庭空间华美绚丽的视觉效果。

三、织物材料

　　织物材料是人们日常生活中常见的材料，也是人们熟悉的材料。织物材料在大型邮轮中庭空间中也有应用，给游客传递柔软、舒适和放松的视觉感受。根据国际船级社协会的规范显示，织物材料在舱室内所占比例越高，这个舱室给游客的亲切程度往往也会越高。

　　大型邮轮中庭使用到的织物形式多样，各自具有不同的特色。平花织布显示出精美的纱线结构，多样化的表现手法在中庭地毯上常常可见。天鹅绒布能够塑造复杂的三维图案，在大型邮轮中庭内的纱帘、多彩的靠垫上都有应用。此外，丝绒布、透明薄纱和亚麻布等自然材质的织物，因为具有颜色多样、手工编织纹理灵活等特点，在大型邮轮中庭内的地毯、纱帘上也被广泛使用。在不同风格形式的中庭内，织物表现出不一样的特点。

1. 欧式古典风格中庭的织物材料应用

　　在重视传统文化底蕴和风格鲜明的欧式古典风格中，织物材料占有举足轻重的地位。在材料选择上，欧式古典风格中庭走廊外的门帘、窗帘采用了大量的透明薄纱制品，或者富有质感的天然绒布和亚麻布等。在图案上，偏华丽的欧式古典风格中庭会采用复杂的图案，如以海洋、浪花和植物等自然元素作为吧台纱帘和靠垫的图案主题；偏传统的欧式古典风格中庭会采用古典传统元素图案。在色彩上，织物材料多选择与中庭空间色调相协调的古典风格色系。为了提高织物材料在中庭装饰中的饱满度，在细节上会增加蕾丝、垂花等装饰，使欧式古典风格中庭内的织物材料显得更加精致

图 3-25　海洋圣歌号邮轮中庭的木料应用

华美。例如，诺唯真畅悦号邮轮中庭内的地毯和座椅织物就运用了欧式古典风格图案和色彩（图3-26）。

2. 地中海风格中庭的织物材料应用

由于地中海范围广泛，涵盖的国家文化差异较大，织物材料既有土耳其地区的豪迈奔放，又有法国地区的轻柔雅致。以地中海风格著称的诺唯真系列邮轮中庭，多使用印有精美图案的门帘以及意大利编织地毯。在织物印染图案上，以地中海地区传统文化和田园风情的条纹格子图为主。此外，海洋元素也时常印在织物上作为中庭地毯的装饰图案，给游客以自然浪漫的视觉感受。例如，诺唯真翡翠号邮轮中庭的地毯就是典型的地中海风格，采用了海洋元素诠释地中海风格的自然与浪漫（图3-27）。

3. 北美风格中庭的织物材料应用

平花织布和天鹅绒布是北美风格中庭装饰的重要织物材料。北美风格中庭空间整体布置虽然受到欧式古典风格的影响，但是与其相比，更具有浓郁的田园风味，所以在中庭内的织物材料选择上以木色的亚麻布为主。在织物印染图案上，以贴近自然、粗犷豪迈的主题为主，花卉、飞鸟是最受欢迎的装饰图案。平花织布和天鹅绒布搭配上代表北美文化的图案，带给大型邮轮的游客贴近自然和舒适安心的体验。

4. 新装饰艺术风格中庭的织物材料应用

新装饰艺术风格相比其他风格而言，织物的应用较少，没有金属材料和石材在中庭内应用得多。织物在满足使用功能的基础上，更多的是展现新装饰艺术风格的特点。在织物印染图案上，新装饰艺术风格的取材范围十分广泛，主要来源有三类：工艺美术运动影响下的动植物自然主题，主要以飞鸟、植物枝蔓与花叶为母体，构图对称，应用雅致的轮廓和弯曲的线条表现植物的有机形态；来源于传统文化的主题，包括玛雅、埃及、南非等古老文明的图腾，可以被应用于中庭门帘、地毯；来源于现代工业文明的几何主题，简洁明快的几何构图成为新装饰艺术风格中庭内织物材料的常见图案。

5. 新简约主义风格中庭的织物材料应用

织物材料在新简约主义风格中庭内的应用多体现出以简胜繁的特点。新简约主义风格中庭内的织物材料选择样式多，如天然绒布、平花织布、亚麻布、丝绒布和透明薄纱均可使用。在织物印染图案上，注重精简，强调流畅感，单色布艺的中庭门帘最为常见，条纹和几何图案也是常见的印染主题。在诺唯真畅意号邮轮中庭内，设计师将一些复杂的植物图案抽象成几何图案运用在中庭地毯和座椅上（图3-28）。在织物造型上，强调线条流畅、造型简洁，

图3-26　诺唯真畅悦号邮轮中庭休憩区
（图片来源：作者根据诺唯真邮轮集团编印的《畅悦号邮轮图册》整理）

图 3-27　诺唯真翡翠号邮轮中庭织物
（图片来源：欧美邮轮评价家网站 www.cruisecritic.com）

图 3-28　诺唯真畅意号邮轮中庭织物
（图片来源：作者根据诺唯真邮轮集团编印的《畅意号邮轮图册》整理）

基本不使用垂花、卷曲、褶皱等装饰性的设计。

四、玻璃材料

　　玻璃材料是一种可透光的材料，具有轻盈和纯净的特点，在大型邮轮舱室中已有应用。然而玻璃材料易碎且难以成型等问题，使其在大型邮轮应用中有一定局限性，通常在舱室装饰品、窗户、灯具及景观梯道上使用较多。部分大型邮轮

中庭内使用不同质感的玻璃作为构件，例如荷美邮轮公司的系列邮轮，在中庭梯道环围处使用了大量的玻璃围栏，给人以纯净的视觉印象。玻璃材料在大型邮轮中庭内的应用多体现在地中海风格、新装饰艺术风格和新简约主义风格中。

1. 地中海风格中庭的玻璃材料应用

　　玻璃材料在地中海风格中庭内经常被制成梯道环围、灯具和隔门等。中庭大堂内的吊灯最有代表性，例如，帝王

公主号邮轮中庭吊灯除了具有强烈的几何造型特点以外，灯罩上还会有一些地中海风格的图案设计（图3-29）。此外，中庭景观楼梯的玻璃栏杆会使用透明的单色玻璃。玻璃栏杆上也会加贴地中海风格的图案贴膜，这些图案根据中庭主题的不同，可以是纯净简洁的单色调风格，也可以是色彩对比度较强的风格。

2. 新装饰艺术风格中庭的玻璃材料应用

彩色玻璃是新装饰艺术风格中庭常见的元素。彩色玻璃主要应用于聚心式和复合式中庭的中心位置，起到调节光线和配合装饰的作用。材料技术的快速发展，使得形态多样、质感明快的玻璃层出不穷，配上灯光的效果，让中庭空间具有别样的装饰艺术特色。例如，海岸线号邮轮中庭内的景观楼梯踏板就使用了新装饰艺术风格的玻璃材料（图3-30）。

3. 新简约主义风格中庭的玻璃材料应用

玻璃与生俱来的简洁、坚硬、纯净和透光的材料特性，恰好和新简约主义的设计理念相吻合。玻璃材料在新简约主义风格中庭内通常不增加其他的图案贴膜，直接应用于景观楼梯、梯道环围、装饰墙面上。嘉年华胜利号邮轮中庭的景观楼梯和梯道环围，透明的单色玻璃配合少量五金件更能将新简约主义风格在中庭内展现得淋漓尽致（图3-31）。

五、金属材料

金属材料是支撑大型邮轮结构的本体材料，也是中庭建造的主要材料。金属材料可以展示船舶建造的工业魅力，特别是露天甲板上的柱式钢结构能向游客展现出很

图3-29　帝王公主号邮轮中庭吊灯
（图片来源：作者根据公主邮轮集团编印的《帝王公主号邮轮图册》整理）

图 3-30　海岸线号邮轮中庭的景观楼梯踏板

（图片来源：欧美邮轮评价家网站 www.cruisecritic.com）

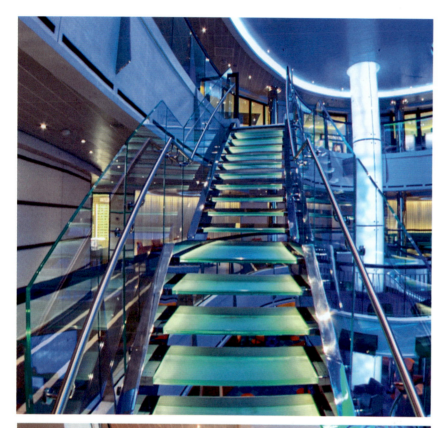

图 3-31 嘉年华胜利号邮轮中庭的景观楼梯和梯道环围

（图片来源：作者根据嘉年华邮轮集团编印的《胜利号邮轮图册》整理）

强的力量感。此外，在大型邮轮中庭内使用金属材料，也传递出一种工业设计的美感。

大型邮轮中庭内的金属材料与露天甲板上的不同，它们是借助金属的延展性和强度，制作成复杂的造型和装饰。在欧式古典风格和地中海风格中，经过加工的金属曲线兼具了精致、灵动、纤细的特点，形态各异的金属螺旋曲线、波浪线、蔓藤线在中庭墙面、梯道环围上都有应用。此外，金属材料也可以被加工成几何形状，以三角形、菱形、方形、矩形为代表，在中庭内呈现出时尚、简洁的特点。金属材料在不同风格形式的中庭内有不同的表现手法。

1. 欧式古典风格中庭的金属材料应用

欧式古典风格中的金属材料主要包括镀金、镀银、铜、铁等材料，在中庭内应用广泛。一种是通过扭曲和拉伸使金属材料形成优美的柱状造型，主要应用于中心景观楼梯的栏杆上；另一种是通过加热和加压的工艺，制成细薄的并且没有体积感的金属线条，附着在中庭吧台、桌椅、墙板上，形成纤细的装饰线。例如，海洋光辉号中庭梯道环围采用褐色铸铜的曲线造型栏杆，加上金属曲线附着在镶木墙板上，渲染了一种富丽堂皇的欧式古典风格。此外，金属材料还被应用于中庭墙面装饰画的边框上，线脚多采用波浪线、鞭状曲线等曲线形式，设计师用柔美的曲线对生硬的直线进行改造。

2. 地中海风格中庭的金属材料应用

地中海风格中庭的走廊两侧常常使用金属装饰构件打造优美的曲线。相较于欧式古典风格中金属曲线形态，地中海风格更具有简洁和流畅的特质。地中海风格中庭金属材料最具代表性的是漆成黑色的铁艺栏杆，其次是黄铜制成的金属器具、锡制的半圆形灯罩。这些材料在中庭内都诠释出原汁原味的地中海风情。

3. 新装饰艺术风格中庭的金属材料应用

新装饰艺术风格中庭内应用的金属材料具有纤细卷曲的特点。皇家加勒比海洋水手号邮轮作为典型的新装饰艺术风格系列邮轮，其中庭的装饰部件都采用了细长蜿蜒的金属线条交接形成装饰造型（图 3-32）。这种优美的金属曲线既优雅又富有动感。红铜、黄铜、锡等材料和铸铁一样可以加工成形态万千的造型，而且比铸铁更具有富贵华丽感。金属材料细腻并且精致的特点，在新装饰艺术风格中庭内具有十分重要的作用。

4. 新简约主义风格中庭的金属材料应用

新简约主义风格擅长使用冷色的不锈钢材料。在大型邮轮中庭空间中，新简约主义风格的金属材料应用主要在两个方面：一方面是采用切割工艺制成棱角分明的几何形金属构件，塑造出造型简洁、几何感强的效果，具有特别的工业美感；另一方面，随着锻造和切削技术的发展，符合船舶材料要求的流线形金属制品层出不穷。在满足中庭功能的基础上，相比于单一的几何形态，简约的流线形金属构件更能被游客接受和理解。例如，传奇号邮轮中庭内的景观构件，就是经过压模处理的圆滑的金属装饰条（图 3-33）。

第三节　中庭空间色彩搭配设计

　　色彩是通过人的眼睛、大脑对不同波长的光的感受而产生的视觉效应。人们对色彩的视觉感受不仅由物体本身属性所决定，而且受到光线和周围色彩的影响。色彩具有激发人们不同情绪的功能，红色代表激情、庄严；黄色象征着智慧、希望和财富；白色是光明、纯净和贞洁的象征；蓝色代表深沉、高贵；金色象征着华贵、辉煌和高贵。色彩同样是中庭物理属性的重要组成部分，在大型邮轮中庭空间布置中占有重要的地位。

　　中庭是大型邮轮的公众活动空间，是具有复合功能的中心枢纽和游客集散地，是体现大型邮轮"公共性"的特征的场所。大型邮轮中庭空间的主题、布局、空间尺度及市场定位不同，其相对应的色彩氛围也会不同。迪士尼系列邮轮中庭的装修风格与儿童息息相关，中庭就会采用丰富的色彩来表现。此外，在中庭空间设计时要根据色彩对游客各方面的影响，选择恰当的色彩为游客设计舒适的空间环境，缓解游客长时间漂泊在海洋上造成的心理不适。

一、中庭空间色彩的功能与特点

1. 中庭空间色彩的功能

　　色彩与中庭空间的材料、形式与尺度相互依存，共同确定了中庭空间的风格形式。一方面，无论是陆地环境还是邮轮环境，都是由多样的色彩构成的；无论是什么材料以什么形式表现，它们都是色彩的载体。另一方面，由于邮轮的定位、主题、

图 3-32　海洋水手号邮轮中庭的金属材料应用

（图片来源：作者根据皇家加勒比邮轮集团编印的《海洋水手号邮轮图册》整理）

图 3-33　传奇号邮轮中庭的景观构件

（图片来源：欧美邮轮评价家网站 www.cruisecritic.com）

吨位、稳定性的差异，为使中庭整体环境饱满，对色彩的运用就要恰当并且有层次感。

中庭空间色彩具有使用价值和美学价值，通过合理的色彩搭配，能起到美化舱室环境和改善中庭空间的作用。色彩可以表现舱室材料的重量、体量及舱室温度，这是中庭空间色彩的使用价值。通过色彩搭配装饰中庭空间，塑造不同的风格形式，这是中庭空间色彩的美学价值。中庭空间色彩的使用价值和美学价值可以细化为五个方面（图3-34）。

（1）表现中庭空间主题

色彩是一种媒介，具有易辨别的特点，能够传递信息，还可以表达空间主题。中庭空间属于三维空间，游客是空间内活动的主体，针对梯道环围、走廊、观景台、中央大道等不同的设施选用不同的色彩，可以使中庭功能分明、主题突出。此外，中庭空间内主色调的选择需要考虑邮轮的定位、航线、商业活动、游客特点等，再根据中庭空间尺度和形态，选择合适的主题色彩。

（2）调节中庭空间气氛

色彩不但可以表现中庭主题，还可以调节中庭气氛。高明度、高彩度的暖色可以给人们带来兴奋、愉悦的感受，在中庭空间内使用鲜艳的色彩可以营造热情、活跃的气氛。反之，低明度、低彩度的冷色可以营造舒缓、安静的气氛，使人们的情绪更加镇定。通过研究现役大型邮轮中庭空间色彩搭配可知，同一属性明度相对较低的色彩通常被用来装饰客舱之类的私密空间；强烈鲜明的色彩通常被用来装饰中庭、餐饮等公共空间。

（3）调节中庭空间光照

光照射在物体上，不同颜色的物体反射的光是不一样的。必须保证正常的光照，人们才能在视觉层面获取对色彩的直接感觉，也才能充分发挥色彩的各种性能。同样的灯光照在空间大小一样的深色调中庭比浅色调中庭显得更暗，因为色彩具有调节光照的作用。为加强中庭空间明视性，必须注意中庭灯光与色彩的配合。通过色相调节光照，按照反射率从大到小的排序依次是蓝紫、蓝绿、红紫、紫、绿、红、黄红、黄，顺序越靠前，色彩调节能力越强。通过色彩自身的彩度调节光照，原则上彩度愈高，反射率愈大，同时也要考虑到明度的因素，才能决定反射性能。中庭空间内，并不是所有舱室都有窗户，因此有些中庭白天也没有自然光进入，空间内的采光必须完全借助灯光，不同的主题色搭配光照可以渲染出不同的视觉效果。

（4）调整中庭空间视觉体验感

大型邮轮中庭设计师常利用色彩的距离感和轻重感特性调整游客对中庭空间的视觉体验感。此外，中庭主色调的占比也影响了游客对空间的感觉，中庭地毯、天花板恰当合理的色彩搭配，会减少游客视觉和心理层面上的空间局促感。

（5）调节中庭空间"温度"

在中庭设计中，善于把握色彩的物理特性对于舱室效果的塑造十分重要。冷色或暖色会直接使游客产生凉爽感或温暖感。在尺度大小和风格形式一样的中庭空间分别用纯度、明度相同的冷色系和暖色系作为主色调，游客会产生在

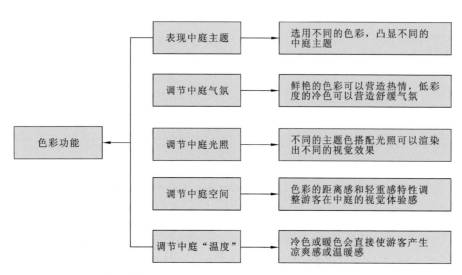

图3-34　中庭空间色彩功能

冷色系的中庭比暖色系的中庭温度低的感觉。依据色彩调节"温度"的原理，海域气候寒冷的北欧航区，大型邮轮的中庭通常选用暖色调；反之，海域气候较为炎热的北美航区，大型邮轮的中庭通常选用冷色调。例如，常年服役于北欧航区的诺唯真系列邮轮中庭内多选用暖色调装饰。由于一年四季气候是变化的，这种冷色和暖色选择的方法也不是绝对的。

2. 中庭空间色彩的特点

中庭空间色彩应体现大型邮轮的特点。中庭空间色彩要具有以下几方面特点：一是协调性，中庭是大型邮轮最大的公共空间，中庭空间色彩必须与其他公共空间色彩保持协调，形成美感；二是标志性，中庭是游客参与度最高的船舶舱室，其设计水平是邮轮所属国、建造集团能力与水平的体现，世界三大邮轮集团都有各自的中庭配色体系；三是风格性，中庭空间具有鲜明的风格形式，色彩作为风格表现的重要元素，同样起到至关重要的作用。新古典主义风格的中庭多采用富丽堂皇的暖金色，而新现代主义风格的中庭多采用明快的色调，具有明显的差异性。

与大型邮轮外观色彩不同，中庭空间色彩还要表现出功能性、主题性、时代性，表现出邮轮所属国的历史文化、民族特色，展现航线主题。在符合邮轮整体色调的基础上，中庭空间色彩还需要与其他公共空间相呼应。

二、中庭空间色彩构成

从色彩的角度可以把大型邮轮中庭空间内的物理元素分为四类：一是组成中庭内部空间的物理构件，包括楼梯、围栏、墙壁、天棚、屏障、地板、柱列、走廊灯，它们的色彩是中庭色彩的重要组成部分；二是中庭内部的设备，包括中庭内设备设施、机具、管线装置及休憩区各类家具，它们的色彩是中庭色彩的次要组成部分；三是中庭内部的纺织品，包括地毯、帷幔、窗帘、坐垫、靠垫等，它们的色彩是中庭内的点缀色；四是中庭内部的陈列装饰品，包括壁画、器皿、盆景、雕塑、工艺品、灯具等，它们的色彩是中庭内的辅助色。

大型邮轮中庭内的四类物理元素在材料、质地、形体、尺度和功能上各有不同，可以形成不同形态、不同空间位置、不同面积、不同质地光泽的色彩组合。这四类物理元素互相融合、渗透，共同组成了中庭空间色彩体系，影响了风格形式的塑造。

为了更好地对现役大型邮轮中庭空间色彩构成进行研究，本书运用了武汉理工大学"大型邮轮美学设计团队"研发的"大型邮轮内装色彩分析软件"探究中庭空间物理环境色彩构成要素。针对不同航区的 12 艘现役大型邮轮的中庭空间进行色彩构成分析，研究流程分别为色彩提取、明度层级提取、冷暖层级提取、色彩占比提取及色彩分析 5 个步骤。

第一步，色彩提取（图 3-35）。中庭空间色彩提取主要使用了大型邮轮内装色彩分析软件和美国 Adobe 公司的 Photoshop 软件。首先在 Photoshop 里对大型邮轮中庭图片进行滤镜—像素化—马赛克效果处理，然后将中庭图片储存为 Web 格式，再按照规律进行排列，从而完成对中庭空间色彩的提取。

第二步，明度层级提取（图 3-36）。在"储存为 Web 所用格式"的图片里将颜色列表按照明度进行排序，再按照图片色彩的明度进行三级分类，完成中庭空间明度层级提取。

第三步，冷暖层级提取（图 3-37）。在"储存为 Web 所用格式"的图片里将颜色列表按照色相进行排序，再按照色相进行冷暖分类，完成中庭空间冷暖层级提取。

第四步，色彩占比提取（图 3-38）。首先，在大型邮轮内装色彩分析软件中使用"钩索工具"，将中庭图片中自然光及灯光等外在因素导致的无效色彩去除；其次，通过软件中的"魔棒工具"及"图案工具"，框选图片中的每一种颜色；最后，软件可计算出每一种颜色在中庭空间色彩中的占比，完成色彩占比提取。

第五步，色彩分析（图 3-39）。首先，在大型邮轮内

装色彩分析软件中使用"吸管工具"，吸取中庭空间内的所有颜色；其次，对每一种颜色的暗面和亮面进行采集，通过大型邮轮内装色彩分析软件计算出色块的 RGB 均值；最后，把所有颜色均按照软件颜色库里的 PANTONE Solid Coated（潘通国际标准色卡）进行编号，从而完成中庭空间色彩构成数据归纳。

综上所述，按照以上色彩分析步骤，对 12 艘大型邮轮的中庭空间进行了色彩选择比较分析和色彩搭配比较分析，再结合大型邮轮的建造背景、商业定位及所属国文化，对色彩数据背后的成因进行了归纳分析，共总结为以下三个方面：

1. 风格形式对中庭色彩构成的影响

色彩是风格形式中重要的组成元素。中庭风格形式众多，其色彩使用手法也存在差异性。欧式古典风格的中庭空间，多选择与邮轮整体色调相协调的古典色系，纯度较低的

图 3-35　大型邮轮中庭色彩提取
（图片来源：大型邮轮美学设计团队）

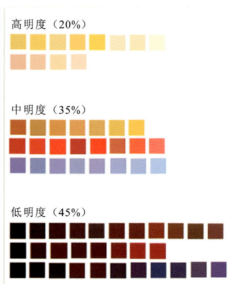

图 3-36　大型邮轮中庭色彩明度层级提取
（图片来源：大型邮轮美学设计团队）

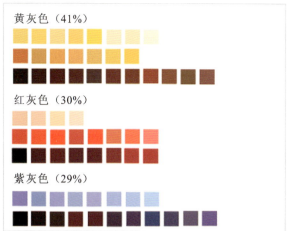

图 3-37　大型邮轮中庭色彩冷暖层级提取
（图片来源：大型邮轮美学设计团队）

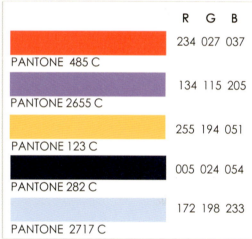

图 3-38　大型邮轮中庭色彩占比提取
（图片来源：大型邮轮美学设计团队）

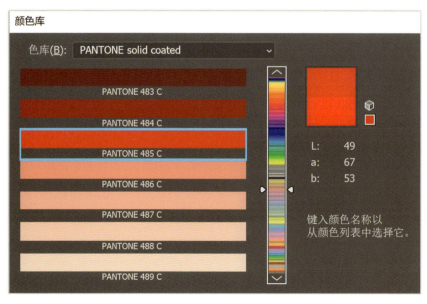

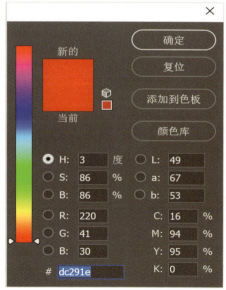

图 3-39　大型邮轮中庭色彩分析
（图片来源：大型邮轮美学设计团队）

黑、白、灰、蓝、红、黄、绿是常见的选色。此外，为了突出华丽辉煌的洛可可和巴洛克风格，富有闪烁光泽的金银色也是常用的配色。地中海风格的中庭空间，设计师常用蓝色和白色搭配，使用地中海地区五彩斑斓的石头拼贴成鲜艳的图案，这种色彩搭配象征着激情、欢乐。北欧风格的中庭空间推崇和谐的色彩搭配，很少使用鲜艳的纯色，以米色和白色最为常见。以诺唯真为代表的北欧风格大型邮轮，设计师通过色相、明度和纯度的对比，以及色彩面积的占比关系，将色彩组合在一起而不失和谐。新装饰艺术风格的中庭空间，激烈昂扬和五彩斑斓的色彩最为常见。高纯度的色彩，明亮的紫色、蓝色、红色搭配华丽的壁纸，使中庭空间多姿多彩。新简约主义风格的中庭空间，主要采用单色，以黑色、白色和灰色为主色调，米色、银色也是常见的颜色，再搭配柔软的粉紫及水蓝为装饰，塑造出一种纯洁和宁静的氛围。北美风格的中庭空间，色彩大多明快光鲜，设计师常以象征着华贵、辉煌及高贵的金色为主色调，搭配灰色、白色或者紫色，作为中庭空间的色彩设计方案。

2. 邮轮公司对中庭色彩构成的影响

邮轮产业经过长时间的发展和淘汰，嘉年华、皇家加勒比、歌诗达成为世界三大邮轮集团。这些邮轮集团以其强大的综合实力和独特的风格文化，成功地获得了广大游客的喜爱。各邮轮集团旗下的系列邮轮保持着类似的设计样式，任何风格都可以组织在一起，力图设计出具有自身特点的中庭空间。多种色彩元素的混搭是三大邮轮集团都会使用的表现手法。下面对三大邮轮集团的中庭色彩构成进行归纳分析。

嘉年华邮轮集团。截至2019年，嘉年华邮轮集团共有19艘邮轮，是豪华型邮轮的领导者。"炫目和好玩"是嘉年华系列的中庭主题风格。嘉年华邮轮集团的主题色是红色，代表了激情、欢乐、高贵和深沉。同样，在色彩上，嘉年华集团旗下的系列邮轮中庭空间内多采用红色和黄色为主色调，高纯度的色彩配上明亮的地毯及绚丽的壁纸；在结构上，挑空中庭、集束柱式及纤细空灵的骨架结构搭配，色彩与结构的完美结合，诠释了嘉年华邮轮集团的主题（图3-40）。

皇家加勒比邮轮集团。除了嘉年华系列邮轮，皇家加勒比邮轮集团旗下的系列邮轮排水量和吨位远超过其他邮轮公司，具有匀称的船型、设计有趣的侧面，以及多种主题

的活动舱室。皇家加勒比邮轮中庭空间有很多北欧风格的设计，传承了北欧风格一贯典雅简洁的特点。在色彩上，以低纯度浅色调的柔和颜色为主，并且石材和木材的选色与整体色调保持一致（图3-41）。此外，涂有浑水漆的木材与生俱来的浅色调也是皇家加勒比邮轮中庭钟爱的配色。

歌诗达邮轮集团。倡导"自由自在航行（free ship）"的歌诗达邮轮集团截至2019年共拥有13艘五星级大型邮轮。2010年之前建造的歌诗达邮轮中庭多采用了新现代主义风格，在中庭空间的色彩搭配中，以明亮欢快的红色、蓝色为主色调。天花板常采用明度较高的浅黄色或浅蓝色，地毯、地砖的位置会使用明度相对较低的色彩进行搭配，绿色及紫色偶尔作为点缀色被运用于装饰物上。欧式古典风格的歌诗达邮轮中庭空间色彩布置以金黄色为基调，给游客富丽堂皇、金碧辉煌的感觉。设计师充分发挥了黄色象征着高贵华丽的属性，恰当的内装色彩不仅可以提升整个中庭空间奢华感，还能使游客仿佛置身于中世纪的宫殿内，营造出一种高贵典雅的氛围（图3-42）。

3. 运营主题对中庭色彩构成的影响

根据目标游客的不同，大型邮轮运营主题大致可分为三类，分别是浪漫旅行主题邮轮、家庭旅行主题邮轮及探险旅行主题邮轮。不同运营主题，中庭采用的色彩搭配方案都不同。最终目的是为了取悦目标游客，使他们产生舒适感。

第一类，浪漫旅行主题邮轮。大型邮轮会专门为寻求浪漫和度蜜月的游客定制主题，其中庭空间被装扮成适合交换爱情誓言的浪漫地方，在某一时间段船长也能成为他们爱情的见证人。中庭空间的色彩构成也是以紫色、红色这种喜庆的颜色为主，深蓝色系为点缀，凸显中庭空间的浪漫、大气。此外，中庭天棚选用水晶吊灯，华丽的灯光效果与中庭空间内紫色、红色搭配，更能营造出浪漫的氛围。

第二类，家庭旅行主题邮轮。全球每年有超过200万个家庭乘坐邮轮旅行，以家庭为单位出行的游客已成为2010年到2019年邮轮市场最大的消费群体，"亲子和温情"是其主题。邮轮中庭空间设计的核心思想是通过装饰营造和谐温馨的氛围。因此，其色彩构成也明快丰富，代表色是象征着快乐、希望、智慧的黄色，以暖色调为主，搭配鲜艳的色彩为点缀色，充分发挥色彩的温度感、轻重感。

图 3-40　嘉年华旗下邮轮中庭色彩分析
（图片来源：大型邮轮美学设计团队）

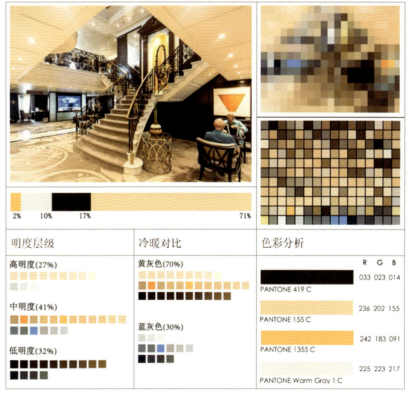

图 3-41　皇家加勒比旗下邮轮中庭色彩分析
（图片来源：大型邮轮美学设计团队）

图 3-42　歌诗达旗下邮轮中庭色彩分析
（图片来源：大型邮轮美学设计团队）

第三类，探险旅行主题邮轮。参加探险类主题的游客与其他游客有着不同的兴趣指向，他们对冒险和探索的兴趣远超过娱乐和休闲。此类大型邮轮船体相对较小，搭载的游客数量也少于浪漫旅行主题和家庭旅行主题。在中庭空间设计上，中心景观楼梯一般采用镂空式设计，配合纤细的金属栏杆和玻璃栏杆，塑造探险主题。在色彩构成方面，设计师倾向于使用更加明亮且对比强烈的颜色，中庭内亮丽的蓝色、红色、黄色，再搭配上金属味浓的古铜色、金色，营造出冒险和探索的气氛。

三、中庭空间色彩搭配的原则

大型邮轮中庭空间的色彩搭配设计需要考虑整艘邮轮的设计风格，凸显其独特的文化内涵。通过合理的色彩搭配表现出邮轮中庭空间奢华、典雅、大气或尊贵的别样风情。中庭色彩的搭配原则可以归纳为整体搭配原则、分区搭配原则、弹性搭配原则（图 3-43）。

1. 整体搭配原则

在中庭空间色彩设计中强调色彩搭配的整体原则，其特点是强调主色调的视觉引导作用，突出配色的象征性意义，保持色彩搭配的秩序性和整体性效果。依据大型邮轮的主题、市场定位、风格形式、中庭空间尺度等因素，首先确定中庭空间内的主色调，即对游客视觉刺激最强的色彩，其在中庭空间色彩占比最大。这里的主色调并不只是某一种色彩，而是某一类色相、明度和彩度相近的一系列色彩。

中庭空间色彩搭配的原则是基于多种因素的综合性考量。因此，中庭空间用色的整体化需要从两个方面来思考：一是对公共空间内装风格的整体思考。中庭、中央大道、走廊、休憩区等都是公共空间的一部分，中庭空间色彩的搭配也需要考虑到大型邮轮其他公共空间的整体风格。二是对中庭空间风格形式的整体思考。色彩是风格形式构成的重要元素，设计师在进行色彩搭配的过程中要始终贯彻整体化的方针。中庭空间色彩搭配要进行系统化、条理化和整体化的梳

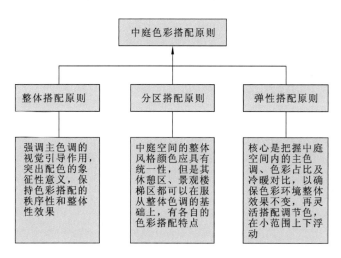

图 3-43　中庭空间色彩搭配原则

理，并依据中庭空间风格要求对配色进行分层次的选择。

2. 分区搭配原则

大型邮轮中庭空间色彩分区搭配，主要指中庭内的物理构件、室内设备和装饰艺术品，及墙壁、地毯、天棚、各类家具设施的色彩搭配。若中庭整体色调为暖色调，则中庭天棚的色彩也应以暖色为主，用鲜艳的色彩加以辅助，总体上要保持高纯度的色彩倾向；中庭空间的墙壁色彩应以淡蓝色、淡绿色、浅米黄色及白色为主色调，不同风格形式的选择也会有所差异；同时可以选择其他颜色作为点缀，避免大面积相同色调的墙面给游客一种单调的视觉感受。根据国际船级社的舱室设计规范，同一中庭空间内的颜色选择最好不要超过五种，否则难以统一，容易造成视觉效果混乱。

中庭的整体风格应具有统一性，但是其休憩区、景观楼梯区都可以在服从整体色调的基础上，有各自的色彩搭配特点。梯道环围区是中庭内重要的交通辅助空间，通常为玻璃和木质材料，色彩为木材固有颜色，不需要其他装饰性色彩。休憩区为游客活动区域，也是游客接触最多的公共场所之一；休憩区的整体色彩就是中庭主色调，还要考虑游客交流和驻足等需求。景观楼梯区位于中庭景观节点处，颜色与梯道环围区保持一个色调，以浅色调渲染出楼梯台阶的轻、薄、透特点，保留钢、玻璃和人造大理石的原色。此外，在景观楼梯背面增加灯光点缀，透过台阶形成一条暖色光带，可以增强楼梯的艺术效果。

3. 弹性搭配原则

弹性搭配原则是指在不与整体及分区搭配冲突的基础上，在一定范围内允许色彩自由选择，避免中庭与舱室色彩固化僵硬、千篇一律。弹性搭配原则的核心是把握中庭内的主色调、色彩占比及冷暖对比，以确保色彩整体效果不变，并且灵活搭配调节色，在小范围内上下浮动。

在中庭主色调确定的基础上，可以弹性选择配饰物品的颜色。主要包括确定中庭内的装饰画、地毯、艺术品、窗帘、坐垫、靠垫的色彩。设计师可以根据航线主题进行定制化选择，配色没有整体性要求，所以色彩选择范围比较大。弹性搭配原则主要体现了中庭空间色彩搭配的灵活性，遵循整体色调，不讲究强制搭配，以确保中庭空间色彩的变化及多样性。

第四节　本章小结

本章围绕大型邮轮中庭空间风格形式设计、材料应用设计、色彩搭配设计，探讨中庭空间环境设计内容。

风格形式是对物理环境直观的反映，也是所有物理元素的聚合，风格形式展现出的特征，直接映入游客的视觉感官。本节通过对 20 世纪 90 年代以来现役大型邮轮中庭设计风格的归纳总结，确定了中庭空间三类风格形式，并进一步界定了不同风格背景下的中庭空间特征。其一，新古典主义是指在中庭空间设计中，设计师将世界各国不同历史时期经典装饰元素与中庭功能相结合，从而展现出具有色彩柔和、风格鲜明且反映出传统文化底蕴的中庭空间效果。其二，新航区主义来源于大型邮轮在不同航区存在的明显风格差异，船舶学家将其定义为新航区主义风格，包括地中海航区风格、北美航区风格和北欧航区风格。其三，新现代主义是指在 20 世纪 50 年代以后在室内设计中出现的设计思潮，这些风格特征都受到船舶新材料和新技术的影响。新现代主义风格代表着大型邮轮中庭空间新的风格形式和设计方向，体现了时代的发展和游客审美观念的变化。

材料是物理属性重要的构成要素，大型邮轮中庭建造会使用到不同类型的船舶材料，这些材料对中庭空间塑造起到了至关重要的作用。本书关于大型邮轮中庭空间材料因素的探究主要是各类装修材料对风格的塑造作用，从设计学视角关注材料与游客感受之间的关系。船舶材料的重量、防火性能、安全性能、经济性、强度等不在本书的研究范围之内。从游客的触觉和视觉层面出发，本书对大型邮轮中庭材料进行了归纳，主要分为以下五类：石材和仿石材料、木材和仿木材料、织物材料、玻璃材料、金属材料。

　　本章还总结了中庭空间色彩因素，包括色彩的功能、特点、构成及搭配原则。中庭空间色彩具有使用价值和美学价值，即通过合理的色彩搭配，起到美化舱室环境和改善视觉感受的效果。色彩可以表现材料的重量感、体量感和温度感，这是中庭空间色彩的使用价值。在中庭空间设计时需要根据色彩对游客的影响，选择恰当的色彩为游客设计舒适的环境，缓解游客长时间漂泊在海洋上产生的心理不适。通过色彩搭配装饰中庭空间，塑造不同的风格形式，这是中庭空间色彩的美学价值。

大型邮轮中庭空间规划设计研究

第一节   大型邮轮中庭空间功能的规划

大型邮轮是对内开放、对外封闭的空间，而中庭空间是一个完全开放的空间形态。大型邮轮中庭空间分为公共空间和功能空间，公共空间主要包括连廊空间、走廊空间场域等，功能空间主要包括餐饮类休憩区域、观赏类休闲区域、商业类活动区域等，两种空间有着必然的联系，也与邮轮其他空间有着互动关系。中庭空间是大型邮轮重要的复合功能空间形态，它的尺度大小、形态样式及风格形式直接影响到大型邮轮功能空间的布局设计。同样，大型邮轮功能空间的布置也直接影响到中庭空间的设计研究。因此，本章从大型邮轮全局视角出发，运用设计学的理论知识，对中庭空间功能规划进行解读。

大型邮轮中庭空间功能区域指在中庭内部供游客使用的功能舱室空间，部分功能空间针对所有游客，如餐饮类休憩区域、观赏类休闲区域。而有些功能空间只针对部分游客，如商业类活动区域。在装修风格和手法上，针对所有游客的功能区域更强调包容性，采用大众更易于接受的装修风格手法；针对部分游客的则采用更具有针对性的装修设计。部分大型邮轮舱室设计师非常善于表现中庭空间功能区域独特的风格特点，如公主号系列邮轮的舱室设计总监 John Wilson，常常使用华丽到炫目的设计手法以及精细化的功能布置，来统筹大型邮轮中庭空间功能区域设计方案。虽然不同类型邮轮中庭空间功能区域的具体装修风格大相径庭，但是其功能空间设置都是围绕着娱乐、餐饮和商业展开的，即观赏类休闲区域、餐饮类休憩区域、商业类活动区域，这些区域都是围绕着船东注入的资本和游客实践发挥作用（图 4-1）。

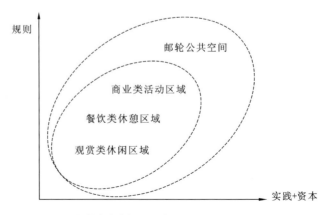

图 4-1   大型邮轮中庭空间的构成

一、中庭空间观赏类休闲区域

中庭空间观赏类休闲区域是大型邮轮内主要的娱乐活动场所之一。与其他的功能空间相区别，观赏类休闲区域的活动常常不需要游客主动参与，而是以观赏为主。观赏类休闲区域的活动主要以表演为主，通过节目本身的精彩程度来烘托空间的气氛。

休闲娱乐是现代大型邮轮的重要功能配置。邮轮旅游和入住酒店不同，在漫无边际的海上巡游时，船东会安排各类休闲活动，让拥有不同兴趣爱好的游客都能找到自己喜欢的活动。随着大型邮轮越来越多的观赏休闲活动项目的开展，相应的设施配备、功能分区也日益完善，设计师也尽可能地展现不同主题的风格形式。尽管现役大型邮轮中庭空间观赏类休闲区域的外在风格迥异，但是其内在功能布置和设计策略仍然具有一定的共性。

一是以中庭核心位置为主体，采用以舞台为中心的发散型布局。观赏表演的娱乐特点决定了剧场只有一个视觉中心——舞台。因此，座位采用以舞台为中心的环绕式布局，在装饰类灯光的照射下，整个舞台成为焦点。而在舞台之外，舱室内灯光可以采用渐变的、勾边的，以及丰富的色调来烘托整个功能空间的气氛。二是功能的复合性。中庭空间观赏类休闲区域具有复合的多功能性，可以举办音乐表演、小型演唱会、船长见面会等。三是空间的紧凑性。尽管观赏类休闲区域在中庭空间占比较大，但是相对于陆地大型商业建筑而言，其空间较小。因此要求设计师做到不浪费空间，让中庭空间观赏类休闲区域每一处空间都尽可能地发挥作用。观赏类休闲区域的特点决定了其在中庭空间功能体系中的位置。

中庭空间观赏类休闲区域规划受到规则、资本、游客偏好的影响。在观赏类休闲区域内，弹性规则和刚性规则共同起着制约和引导游客行为的作用。观赏类休闲区域刚性规则注重秩序性。剧院、影院及秀场要求游客保持安静，不能随意走动，必须遵守场所内所有工作人员的安排。虽然两者的表现形式不同，但是弹性规则和刚性规则是统一的。其一，刚性规则制约性强。在实践中弹性规则受制于刚性规则，当两者出现冲突时，游客会受到惩罚。所以，刚性规则会引导游客内化的教育、文化、宗教及道德的弹性规则的部分进一步升华为刚性规则。其二，注重秩序是两者的共同目的。弹性规则和刚性规则共同构成了观赏类休闲区域规则要求的经纬线，秩序性就是经纬线相交的节点。游客遵守了空间的秩序，才能使观赏类休闲区域井然有序。

观赏类休闲区域资本与中庭空间资本相比较，既有共性，也有特殊性。共性在于两者都是游客集体可以获取的，两者都是在游客的参与和认可中积累起来的。特殊性在于观赏类休闲区域的资本集于精神层面，通过节目、表演、电影让游客有良好的视觉享受。这类资本形式不能兑换成经济资本，不能给予游客物质层面的奖励。由于游客进入观赏类休闲区域都是被动地接受外界信息，除了秀场会有观众互动，其他的都不需要游客主动参与。因此，观赏类休闲区域规划需要充分考虑到所面向航区的游客偏好。

总之，大型邮轮中庭空间观赏类休闲区域为游客带来了丰富的娱乐享受。这类娱乐活动主要分为两种，一种是注重与游客互动的娱乐活动，另一种是以游客视听为主的娱乐活动。互动类的娱乐活动以舞蹈、参与式魔术为主，视听类的娱乐活动以小型音乐会、钢琴演奏、表演为主。相比大型邮轮户外攀岩、赛车、冲浪这类的高强度娱乐方式，大型邮轮中庭空间娱乐活动强度低、轻松愉悦、受众广泛并且趣味性强。此外，随着娱乐活动类型的增多，大型邮轮中庭空间观赏类休闲区域的设置也变得更加灵活，在音乐表演时间段可以摆放钢琴等乐器，在舞蹈时间段可以挪动钢琴位置，增大中心区域的面积，以容纳更多游客参与中庭空间组织的活动。

二、中庭空间餐饮类休憩区域

餐饮类休憩区域是大型邮轮中庭空间的重要组成部分，餐饮类休憩区域设计包括功能布局、色彩照明等，也包括游客用餐的氛围。大型邮轮餐饮类休憩区域包括取餐区、用餐区、吧台区及交通区域，这些子功能区域被有条不紊地组合在一起，构成了完整的餐饮类休憩区域。除特色餐厅外，其他餐厅都会设有专门的取餐区，取餐区一般位于餐厅中部位置，服务整个餐厅；用餐区是餐饮类休憩区域的主体区域，用餐区的室内空间尺度、功能的布置、流畅的分布规划及舒适的环境都是设计的重中之重；吧台区是工作人员的使用区域，通常位于餐饮类休憩区域的入口处，既陈列食品酒水，又兼具咨询服务的功能；交通区域是供游客在中庭内通行的空间，包括走廊和楼梯。此外，部分特色餐厅还会在交通区域举办各种表演活动，但要保证游客的正常通行。

大型邮轮餐饮类休憩区域的特点决定了其规划内容与观赏类休闲区域有着鲜明的差异性。中庭空间餐饮类休憩区域的规则是由弹性规则和刚性规则两部分组成。弹性规则由游客的受教育程度、素质、背景、宗教信仰组成，这些内在因素对游客的行为有着直接影响。刚性规则是以餐饮类休憩区域各种制度要求的形式表现出来的，具有震慑作用。餐饮类休憩区域内的游客不是被动的参与者，而是主动的参与者，这方面与观赏类休闲区域有很大的差别。游客在餐饮类休憩区域可以随意走动，特别是中庭茶水吧台位置，可以根据自己的喜好选择食物。这里的游客行为主要受餐饮类休憩区域弹性规则的制约，因为游客的取餐路线、用餐方式都不是刚性规则所能约束的。在弹性规则中，个人素质发挥了很大的作用。餐饮类休憩区域的弹性规则和刚性规则不具有同目的性。弹性规则以游客个人素质为外显因素，没有强制性。刚性规则是游客不损坏餐具，具有强制性。

中庭空间餐饮类休憩区域的规则对于游客是一种束缚，但游客之所以愿意接受这种束缚是因为游客认为接受束缚可以给自己带来利益，是因为餐饮类休憩区域能解决游客的用餐需求。餐饮类休憩区域资本具有可兑换性，资本的主要表现形式是餐饮类休憩区域给游客提供的饮食服务，游客在餐厅享用完餐食后，即可以获得最基本的生理层面的满足。

游客在中庭空间餐饮类休憩区域的行为偏好其实也是游客社会实践的反映，是社会实践关系在游客思维结构中的映射。游客在中庭空间餐饮类休憩区域的行为偏好具有可变性和个体性特征。可变性体现在当游客从中庭空间观赏类休闲区域到餐饮类休憩区域时，从原本的安静被动地欣赏节目的行为转换为积极主动地探寻食物的行为。若行为偏好和现实世界不适应，游客在数次遭遇"惩罚"后，就会不自觉地调整原有的行为偏好。个体性体现在处于中庭空间餐饮类休憩区域中的游客，由于性格、年龄、受教育程度等方面的不同，其用户行为也有较大区别。不同于观赏类休闲区域的是，餐饮类休憩区域内游客和工作人员及游客之间都存在交流互动行为，游客个体性特征表现得更为明显。

三、中庭空间商业类活动区域

购物消费是游客乘坐大型邮轮旅游度假的一项重要内容，免税店、中庭空间开放式购物区已成为国内游客选择邮轮旅行的重要因素。大型邮轮上的购物体验主要反映了游客的消费动机、纪念动机及馈赠动机。因此，大型邮轮中庭空间中的商业活动主要包括免税购物、礼品售卖等。

大型邮轮中庭空间中的商业类活动区域的布局会根据不同商业主题和航区特点进行设计。通常商业类活动区域没有依托邮轮外舷进行采光的需求，一般都会被布置在主甲板上下的位置。此外，舱室空间狭窄的大型邮轮会结合中庭对商业类活动区域进行环形布置，或沿中央大道布置。舱室空间较为宽敞的大型邮轮则以商业街的形式布局，形成较连续的购物环境，以容纳更多的店铺。商业类活动区域的走廊宽度还要兼顾各类表演、集会、游艺等活动的需求。大型邮轮中庭空间尺寸、功能形式会对商业类活动区域规划产生影响。

在大型邮轮中庭空间商业类活动区域中，各种有关调整和引导游客购物消费行为的文化、经历、背景、道德等都属于弹性规则，对游客主体没有强制作用，而是内化于游客内心的，对游客的空间活动及购买行为产生潜移默化的影响。弹性规则主要反映的是文化、经历、背景、道德这些力量对游客在商业类活动区域的约束，但是不具有强制力。刚性规则是以商业活动制度等明确形式加以固定的，违反它的后果都会事先告知游客，要求游客无条件遵守，对游客的行为有一定的震慑作用。商业类活动区域中弹性规则和刚性规则具有差异性，弹性规则主要是从内心对游客进行影响，反映在游客的行为活动路径上，从道德层面塑造商业类活动区域环境的和谐；刚性规则主要是从外部强制规范游客诚信消费，即游客在商业活动中的消费不能存在虚假、欺诈等行为。弹性规则和刚性规则共同构筑了商业类活动区域的规则，正是它们共同作用于商业类活动区域中的游客，使他们表现出相应的购买行为。

规则是商业类活动区域作用于游客的一种束缚，但游客之所以愿意接受这种束缚，是因为商业类活动区域可以给游客带来利益。这种利益就是商业类活动区域的资本。大型邮轮中庭空间每个区域都有其特殊的资本，也是这个区域内的行为人所追求的对象。中庭空间商业类活动区域资本则是商业类活动区域内的游客追逐的对象，这种资本形式既可以是物质的，也可以是精神的，但主要以物质形式展现，它能使得每一个进入商业类活动区域的游客受益，但受益的程度则依据每个游客购买能力的大小而有所区别。中庭空间商业类活动区域资本具有可兑换性，可以兑换成经济资本，因为游客遵守商业类活动区域规则，并依据购买能力使资本转换为物质利益，即商业类活动区域出售的商品形式。这些经济资本也可以兑换成"精神奖励"，因为产品可以满足游客的生理需求到自我实现需求，实现了从物质需求到精神需求的升华。此外，资本在商业类活动区域中能兑换的数量越多，游客的参与感就越强烈。

在中庭空间商业类活动区域，行为偏好影响着游客的购买决策。行为偏好通过将游客过去的经验与现状结合在一起，时刻作为各种购买行动的母体发挥其作用，从而有可能完成多样的任务。游客在中庭空间商业类活动区域的行为偏好具有个体性和稳定性特征。个体性特征表现为，商业类活动区域针对的事务是商业活动，但行为偏好并不具有商业性，处于商业类活动区域中的游客，在应对是否购买等判断时有着不同的"性情倾向系统"。由于游客的经济能力、受教育程度、性格等的差异性，其行为偏好有较大不同。稳定性特征表现为，行为偏好是游客在长期的实践活动中形成的，形成后具有相应的稳定性。这种稳定性表现在游客对购物类事务也会显示出同样的行为倾向，而且成为一种潜在的模式沉淀在游客的思维结构中，对于游客在商业类活动区域做出购买决策起指导作用。

总之，旅游购物已经成为国内游客邮轮旅行的重要动机之一，由于大型邮轮购物消费单元容客量有限，中庭空间开放式商业类活动区域通常会与大型邮轮购物消费单元互为补充。大型邮轮购物消费单元多以出售奢侈品为主，而中庭空间商业类活动区域主要为商品展销和旅游纪念品售卖。随着国内游客对免税奢侈品需求的激增，进入中国市场的大型邮轮中庭空间商业区域也增加了免税奢侈品的售卖。例如，中庭空间商业类活动区域设置了手表、珠宝等奢侈品的柜台，并通过大量局部照明烘托区域奢华的氛围，凸显商品的精致。商业功能的叠加已经成为现代大型邮轮中庭空间重要的功能属性之一。在商业功能凸显的背景下，

大型邮轮中庭空间通常会借鉴商业街的路径组织策略，形成连续的购物环境以容纳更多的开放式商业区域，以此来提升中庭空间的商业价值。

第二节　大型邮轮中庭空间规划的影响因素

大型邮轮中庭空间物理环境是所有游客都有短期使用权的公共空间，属于物的概念；中庭行动空间是指游客在中庭空间内展开的所有活动，属于行为的概念；中庭心理空间是指中庭空间的交往对象，属于人的概念。中庭空间物理环境和中庭心理空间是中庭空间的静态构成，中庭行动空间是中庭空间的动态表现，它们共同构成中庭空间丰富的内涵。从大型邮轮总布置和总规划设计来看，整个大型邮轮可以看作是一个大空间，而中庭空间是大型邮轮中一个相对独立的子空间。中庭空间也由一系列的功能区域组成。大型邮轮中庭空间规划受到规则、资本、行为偏好、总布置要求的影响。大型邮轮总布置要求邮轮内所有空间的规划都要依托总布置展开。基于大型邮轮总布置，中庭空间规划受到中庭空间规则、中庭空间资本、游客行为偏好的影响，而规则制约着游客行为（图4-2）。

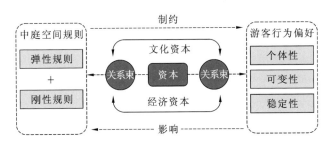

图4-2　中庭空间与游客行为偏好关系模型

1. 中庭空间规则

从功能上看，大型邮轮中庭空间具有观演功能、商业功能、景观功能、交通功能和娱乐休闲功能，它属于大型邮轮内特殊的综合公共空间，通常位于邮轮的核心位置。中庭空间内部布置有各类交通设施，包括景观电梯、大厅、中心景观楼梯、挑空走廊及梯道环围等。重要的枢纽位置、密布的交通设施及核心的空间位置，决定了中庭空间规则的多样性。

大型邮轮中庭空间首要的"关系系统"就是规则。中

庭空间规则是引导游客行为指向公共空间利益，并使其表现出相应的适应性，这些规则分弹性规则和刚性规则两大类。在中庭空间内，弹性规则和刚性规则都起着处理和调节游客之间关系及游客与工作人员关系的作用。教育、文化、宗教、道德对游客没有强制作用，而是内化于游客的心灵，对游客的行为产生潜移默化的影响。由于游客的教育背景、个人素质不同，文化、宗教、道德这些力量束对不同的游客影响力是不一样的，因此游客个人内化的因素被称为弹性规则。

但要保证游客在中庭空间内的行为契合公共空间利益，仅依靠弹性规则的约束是不够的，还需要从外界对那些突破中庭空间规则界限的游客加以强制规范，这被称为刚性规则。中庭空间刚性规则主要是以船舶所属国法律、不同邮轮集团游客行为条例等制度的形式表现出来，具有一定的强制力。与中庭空间弹性规则不同，它主要以一种外在的、强制的方式，通过约束和警告等方式规范游客的行为。例如，大型邮轮巡航过程中，若出现安全事故，游客必须服从安排集中前往中庭区域分批次疏散；游客不得在中庭空间内乱丢垃圾，不能大声喧哗等。中庭空间刚性规则的界限和违反的后果都是事先规定好的，游客选择大型邮轮出行就代表无条件遵守这些规则，若存在违反行为将受到惩罚，它对游客的行为有一定的约束作用。

中庭空间弹性规则和刚性规则是统一的。虽然两种规则的表现形式和作用方式不同，但是规则的实质是相通的。其一，两者具有同源性。游客在实践中逐渐认识到，在中庭空间，从公共空间利益的角度出发，相互配合就能营造更和谐的关系。游客关于大型邮轮公共空间的认识以不同的方式映射到文化、道德、宗教中成为中庭空间弹性规则。因此，不论是中庭空间弹性规则还是刚性规则都是在实践中产生的。其二，两者具有同目的性。中庭空间中的弹性规则是从游客内心对游客行为进行影响，刚性规则是从外部强制性约束游客，目的都是为了维护中庭空间公共利益和公共和谐。弹性规则和刚性规则共同构成了中庭空间规则。若把中庭空间类比成一个布满诸多规则的网络，中庭空间弹性规则被视作这个网络的经线，中庭空间刚性规则就是这个网络的纬线。正是中庭空间内刚性规则和弹性规则共同作用于中庭空间中的游客，使其做出相应的符合公共利益行为。

2. 中庭空间资本

中庭空间规则是在中庭空间场域内作用于游客的一种束缚，但游客之所以愿意接受这种束缚是因为游客认为接受这种束缚可以给自己带来好处。依据社会经济学的理论，人会理性地追求自己的最大利益。游客之所以进入中庭空间，接受中庭空间内的不同关系的束缚，是因为中庭空间内存在吸引游客的公共资本。

资本实质上是指能够给主体带来某种利益的东西，这种利益既可以是精神利益，也可以是物质利益。大型邮轮中庭空间有其特殊的资本形式，这是这个空间内的游客所追求的目标。中庭空间资本则是中庭空间内的游客追逐的对象，正是游客对这类资本的追逐，使得中庭空间成为一个充满活力的高密度复合功能空间。由此可见，中庭空间资本是指由游客的参与意识和行为活动产生的一种重要的社会资本，中庭空间资本既有资本的一般特征，又有自身的特殊性，具体如下：

一是中庭空间资本是集体拥有的资本。中庭空间资本是在中庭空间内一种体制化的空间网络关系，它属于进入该空间中的任何游客。中庭空间资本可以使每一个进入中庭的游客"受益"，但是"受益"的程度则依据每一个游客体验感的差异而有所区别。

二是中庭空间资本是在游客的参与和认可中积累起来的。中庭空间资本是潜在的，只有当游客调动和利用时，中庭空间资本才能以某种力量和形式发挥作用。这种作用发挥后，又能增加中庭空间资本，使中庭空间资本具有积累性。此外，这种中庭空间资本的增加是随着中庭空间内游客的人数和进出频次的增加而增加的。弗朗西斯卡·兰兹归纳了诺唯真喜悦号邮轮在亚洲航线和欧洲航线执行同样的旅行计划时所呈现的中庭空间的布置差别，这是由游客参与的人数和频次不一样及中庭空间内积累下来的社会资本不一样导致的。

三是中庭空间资本具有可兑换性。既可以兑换成物质资本，因为游客遵守中庭空间规则使公共利益最大化的同时，也可以给游客带来奖励，又能兑换成体验资本，因为遵守中庭空间规则，形成的良好的中庭和谐环境，可以使处于中庭环境内的游客精神愉悦。中庭空间资本在中庭空间内能兑换的资本越多，游客的参与及认同感就越强烈。

3. 游客在中庭空间的行为偏好

中庭空间规则和中庭空间资本代表着中庭空间对游客行为的规定和设定的利益，是游客主体的外部建构。但游客的行为表现，除了与规则、资本有关，还与其自身的内部建构有关，表现在中庭空间内则与游客的行为偏好有关。行为偏好是指游客处理事务的性情倾向系统，它位于游客思维的深层结构，并在日常生活实践中不断强化。游客行为偏好的功能是为游客提供应对中庭事务的策略和原则，它通过将游客过去的一套经验结合在一起的方式，时刻作为游客各种知觉、评判和行动的母体发挥作用，从而完成多样的任务。在大型邮轮中庭空间，游客行为偏好具有如下特征：

一是个体性。游客行为偏好是针对中庭内事务表现出的性情倾向系统，针对的事务具有公共性，但游客行为偏好却不具有公共性，处在中庭空间场域内的游客个体，由于性别、年龄、教育程度、社会阅历等方面的差异，其行为偏好也有较大差别。

二是可变性。游客行为偏好并不是一成不变的，当面向不同风格的大型邮轮中庭空间时，游客行为偏好也会出现变化。大型邮轮中庭空间设计处于不断的变化之中，中庭空间规划、功能分区、"场所精神"自然也会发生变化。游客行为偏好与中庭空间设计存在一定的"契合性"关系，例如，当游客从陆地商业建筑中庭空间到大型邮轮中庭空间，原有的行为偏好和现实环境不适应，在屡次遭遇失败后，游客就会不自觉地调整原有的行为偏好。

三是稳定性。在大型邮轮中庭空间内，游客行为偏好是其在实践中形成的，一经形成，具有相应的稳定性。这种稳定性不仅表现在游客在中庭空间对同样的事务显示出同样的行为倾向，而且表现在遇到相似的事务，游客行为偏好就作为一种潜在的模式沉积在游客的深层思维结构中。作为一种空间行为的生成原则，对于游客处理中庭事务起到指导作用。

每个空间都有自己独特的运行逻辑，并且会和其他空间存在一定差异。例如文化类空间是以文化利益至上为自身的运行逻辑，商业类空间就是以商业利益至上为自身的运行逻辑，中庭空间则是以营造良好的和谐环境为自身的运行逻辑。这种逻辑的基本观点是，中庭空间内，游客在休憩、观光和购物等活动中追求中庭和谐环境的过程，也是实现物质和精神需求的过程。

一、中庭空间规则的差异

在大型邮轮中庭空间，规则是由游客的活动性质决定的，游客从进入大型邮轮舱室空间起，就要学会适应空间的规则，并形成适合自身地位的从事社会活动的特定本领。甚至在游客的行为偏好中，就已经内化了他们所处空间的实践逻辑。大型邮轮功能空间促使游客在其中的行为路径及活动内容必须一方面尊重客观的规则，另一方面又要顺从其中的"斗争性"逻辑。此外，游客在遵循规则的同时，时时将"投注"的感受内化成自身的行为偏好。游客从中庭空间走向其他功能空间时，不同的空间规则促使游客不自觉地倾向于发挥自己的主动性，使自己不会因为规则的变化而被"淘汰"，依托自己在中庭空间中的地位和手中的资本，依据空间规则的变化而发生有力的转变。大型邮轮中庭空间内的规则并不是船东和游客凭想象制定出来的，也不是凭主观意愿所产生的。规则是从舱室空间功能属性出发，并依据邮轮航区、邮轮集团运营策略、游客需求，以及船东的利益诉求而制定出来的。

在功能高度集成化的大型邮轮里，中庭空间由功能鲜明的子空间构成，这些子空间具有自身的逻辑和功能属性，影响着中庭空间规划设计。中庭空间规划需要考虑功能区域的规则，中庭空间功能区域与其他功能区域规则最大的差异体现在刚性规则层面。刚性规则主要是以各种规章制度的形式表现出来的，具有一定的强制力。弹性规则主要是由内化于游客内心的经历、背景、文化、道德、宗教等力量束组成。进入大型邮轮中庭空间和其他功能空间的游客相同，其自身的弹性规则都是一样的。与弹性规则不同，刚性规则以一种外在的强制的方式来规范游客的行为。中庭空间刚性规则是不能大声喧哗、禁止吸烟、禁止乱丢垃圾；若在航行中出现安全事故，游客必须服从安排集中前往中庭区域分批次疏散。

大型邮轮中庭空间的观赏类休闲区域、餐饮类休憩区域和商业类活动区域的刚性规则有着一定差异。观赏类休闲区域是为了满足游客身心放松、欢度闲暇而设置的功能空间。该区域的休闲活动形式多样、趣味性强，具有良好的互动性。观赏类休闲区域刚性规则要求游客保持安静、有秩序，并且不得影响演员正常演出等。餐饮类休憩区域是中庭空间人流集散、瞬时人流量最高的功能区域之一，部分中庭还会用隔断分出独立的餐饮类休憩区。该区域的刚性规则要求游客理性用餐、不浪费、不喧哗、不乱丢垃圾，并且保持区域的整洁干净。商业类活动区域出售旅游纪念品、奢侈品、礼品等，不同于普通日用品商店，大型邮轮中庭空间内的商业类活动区域多采用高档材料营造奢华的氛围，该区域的刚性规则要求游客明码付费、买卖自由，并且不能干扰其他游客的购买行为。

从大型邮轮中庭空间刚性规则入手，为合理规划功能区域之间的关系奠定了基础，再结合功能分区和总布置要求探讨大型邮轮中庭空间布局形式、尺度比例等规划设计内容。大型邮轮中庭空间不同功能区域的刚性规则有着共性和差异性之分，在把握共性的同时，要充分考虑到功能区域刚性规则的差异性。

二、中庭空间资本的分布

资本是积累的劳动，当这种劳动被行动团体或行动者私人占有时，就将以物化的形式占有社会资源。空间中被"注入"的资本被定义为行动者的社会实践工具，虽然对资本概念的解读最初来源于马克思，但是空间中被"注入"的资本内涵和外延与马克思对资本的描述有所差异，除了包含经济资本外，还涉及社会资本、艺术资本、文化资本、符号资本及政治资本等含义。社会学的研究扩展了资本的映射范围，使资本从经济领域扩展到文化艺术等非物质领域，拓宽了空间资本概念的内涵。大型邮轮中庭空间资本不是单纯经济意义上的资本，经济资本是所有资本类型的根源，在资本相互转化的作用下，大型邮轮中庭空间功能区域资本的类型可以相互转化。大型邮轮中庭空间作为由各种要素相互作用形成的"关系网"，其变化的动力形成于大型邮轮中庭空间所蕴含的各种因素，进而导致各种资本的矛盾冲突或相互作用。

首先，在大型邮轮中庭空间功能区域规划中，功能区域所蕴含的资本与游客所"持有"的资本息息相关。游客"位置"是由大型邮轮中庭空间内活跃的资本形式分布结构来界定的，游客被"分配"到大型邮轮中庭空间功能区域的某个"位置"是按照两个原则进行的，一是根据游客的资本总量

（即游客的身份是否属于超级会员）；二是根据游客的资本结构，也就是游客所持有的总资本中，不同资本类型的占比，如商业类活动区域更注重经济资本，观赏类休闲区域更注重文化资本。但是，中庭空间作为大型邮轮最大的公共空间，其突出的特点就是共享性，因此游客持有资本的数量和结构在中庭空间起到的作用远不及大型邮轮其他功能空间。

资本的价值由中庭空间规划方案决定，资本的相对价值也因中庭空间规划方案的变化而不同。特定的资本总是在特定的空间中发挥作用，大型邮轮中庭空间功能区域涉及的资本包括象征资本、文化资本、经济资本、艺术资本、物质资本，在关系束的作用下，大型邮轮中庭空间功能区域资本可以相互转化。一种资本必须与中庭空间功能区域有关，否则它既不会存在，也不能起作用。中庭空间交通区域是所有游客都可以进入的空间，因此经济基础在此空间区域的影响微乎其微；而商业类活动区域中经济资本就发挥着重要的作用，因为资本不仅是规划及总布置方案的映射，也是一种空间关系的表现，它只能在其产生的功能区域内发挥作用，每一种依附于中庭空间功能区域的资本效用和价值都是由各个功能区域特定的功能属性所赋予的。

大型邮轮中庭空间功能区域最重要的特征之一就是它为各种资本提供相互比较、转换和竞争的场所；功能区域的存在及运作也是依靠各种资本的竞争及转换才能维持。大型邮轮中庭空间功能区域资本类型多样，并且数量多，其相互比较、转换和竞争的作用大。每个游客想要在大型邮轮中庭空间功能区域中获得"有利的位置"，都要依据其所占有的资本类型及数量，去兑换相应的其他资本类型。在大型邮轮中庭空间功能区域中，资本类型和数量共同决定了各个游客所占据的社会地位，决定了游客的行为偏好及实际活动轨迹，也决定了游客在中庭体验中所采取的策略。这一切都和游客持有的资本类别、性质和数量有关，也同中庭空间功能区域中各个游客相互"联系"时所流通和进行交换的资本类型有关。因此，在大型邮轮中庭空间功能区域规划时，可以给游客带来精神愉悦的资本是游客在中庭内认可和追求的。游客在中庭内所持有的资本越高，其满意度就越高。对于中庭空间功能区域而言，文化资本和艺术资本可以在观赏类休闲区域发挥作用，经济资本可以在餐饮类休憩区域和商业类活动区域发挥作用。经济资本和文化资本在给游客带来利益

的同时，它们又可以兑换为精神享受，使游客获得良好的体验感。

其次，资本可以反向影响中庭空间规划。在大型邮轮中，从游客拥有的资本数量和类型，可以大概界定出他们的活动轨迹，譬如拥有 VIP 身份的游客才可以去限定性功能场所，而所有的游客都可以进入中庭空间，但是部分中庭空间休憩区域也设置了进入门槛。也就是说，资本界定了游客在邮轮中活动的路线。更重要的是，资本也被用来划分功能区域属性，经济资本界定了餐饮类休憩区域和商业类活动区域的属性。正是资本的转变和游客自身行为偏好的千差万别，才出现了大型邮轮中庭空间规划的多样性。资本使其占有者（游客）拥有活动"权利"，也可以影响中庭空间规划方案的变化。大型邮轮中庭空间功能区域之间的资本是相互依存、相互影响的，又具有相对独立的规律性。

最后，中庭空间规划的影响因素也会与资本在功能区域中的转换密切相关。不同的资本类型，对功能区域的布局及构成有着直接的影响，并使得功能区域具有各自特殊的运行逻辑。在大型邮轮中庭空间观赏类休闲区域，文化资本的流通和交换是占主导地位的；在大型邮轮中庭空间餐饮类休憩区域和商业类活动区域，占主导地位的是经济资本的流通和交换。但是，经济资本和文化资本，都可以同大型邮轮中庭空间功能区域内其他资本转换，使资本在转换的过程中出现交叉关系，从而形成中庭空间功能区域的耦合性关联。例如，诺唯真喜悦号邮轮在中庭设置了商业区域，从而有经济资本产生，游客在中庭内观赏小提琴的同时，可以选择中庭商业区域的免税产品，因此经济资本又可以和文化资本在中庭空间区域内相互转换。歌诗达大西洋号邮轮在中庭组织舞蹈表演，文化资本出现在中庭空间，游客可以驻足欣赏表演，并在吧台进行酒水消费，文化资本和商业资本共同作用于中庭空间。所以，中庭空间功能区域之间虽然存在区别，但是它们之间仍然可以相互影响，这是因为构成不同功能区域的资本属性不同，会按照内在逻辑进行转换，同一个功能区域不同资本之间的转换和多个功能区域不同资本之间的转换，共同建构了中庭空间功能区域之间的运行逻辑。

综上所述，在大型邮轮中庭空间规划中，需要充分考虑到资本的影响。从资本视角入手，有助于挖掘中庭空间功能区域内在的联系，并综合邮轮环境，提出合理的总布置方

案和规划方案。中庭空间功能区域为各种资本提供了相互比较、转换和竞争的场所，资本也会制约规划，并且在游客参与中庭活动的过程中相互渗透和相互转换。总之，对大型邮轮中庭空间功能区域资本分布的研究有助于了解功能区域之间的内在联系，为合理地在大型邮轮内进行中庭位置布局、尺度考量及功能分区奠定了科学的依据。

三、邮轮总布置要求的约束

由前面的分析可知，大型邮轮中庭空间功能区域之间并不是彼此孤立的，即观赏类休闲区域、餐饮类休憩区域及商业类活动区域之间具有关联性，对功能区域关联性的探讨也属于总布置方案的一部分，影响着中庭空间规划。在大型邮轮这一高密度集成空间中，总布置方案对中庭空间规划有着一定的约束性。由于中庭是大型邮轮舱室承上启下的部分，在设计中必然会和大型邮轮总布置联系在一起。所以，设计师研究大型邮轮中庭空间规划设计时，势必要关联到其他功能舱室的内在逻辑和布局要求，使设计师加深对各个舱室空间的理解，才能在整个中庭空间规划中进行深入分析。这也是本书在探究大型邮轮中庭空间功能区域关系中运用最多的方法论，基于邮轮总布置要求，最终推演出中庭空间规划设计方案。大型邮轮总布置的真正意义在于处理各种关系，只有理清中庭与大型邮轮功能空间舱室的关系，才能使得中庭设计更加合理，让总布置的方案更具合理性和可行性。

从邮轮总布置视角出发，探讨大型邮轮中庭空间规划是一种系统性设计思维的体现。系统论把整体性原则作为出发点，注重整体和部分之间的相互作用，每一个整体的性质只存在于各个要素的相互作用之中。若用系统论研究大型邮轮舱室之间的关系，则还要研究中庭与舱室之间自我调控、内在统合等基本关系，并且更多偏向于对中庭空间功能区域布局与大型邮轮整体的关系的研究。中庭空间与大型邮轮并不只是部分与整体的关系，在邮轮总布置方案的宏观指导下，中庭空间功能区域规划都具有自身的运行逻辑，注重对功能要素之间的关系进行研究。大型邮轮中庭空间规划，主要体现为空间布局形式、功能区域组合、尺度比例界定等。这些研究为大型邮轮设计师进一步深化对舱室功能分区、中庭尺度界定、舱室功能流线等方面的认识奠定了基础。

首先，基于邮轮总布置要求，有助于中庭尺度的界定。大型邮轮的规格尺寸千差万别，主要受到长度、宽度、水面高度和涉水高度等主尺寸影响。只有确定好大型邮轮主尺寸后，才能对中庭及功能空间尺寸进行确定。由于中庭通常位于大型邮轮中层甲板处，多数贯穿 3 至 5 层甲板，在船身中起到承上启下的作用。因此中庭空间尺度的界定会直接影响大型邮轮其他功能空间和公共空间的布局。对两种空间关系的研究，可以了解邮轮最大的室内公共活动中心和最大的功能空间集群的关系。对中庭空间高度（纵向空间）有明确界定后，再通过对中庭与其他功能空间规则的分析，来确定中庭长宽（横向空间）。

其次，基于邮轮总布置要求，有助于完善中庭空间规划方案的合理性。大型邮轮由于其船体形式所限，功能分区是设计中的重要环节，而中庭是大型邮轮主要的公共空间。大型邮轮中庭设计与陆地建筑中庭设计不同的是，邮轮中庭设计师在设计方案时，必须整体性地把握邮轮总布置要求，依据中庭空间中资本的影响，可以把相同资本属性的舱室归类设置，在中庭设计的同时完成大型邮轮总布置。由于中庭是邮轮中最大的交通空间和最大的公共空间，这一双重属性使得中庭设计与大型邮轮总布置通常都是同时进行的，当进行邮轮总布置方案设计时，设计师就需要推敲中庭空间规划设计方案。

此外，中庭空间功能区域规划会受到邮轮一般性总布置和差异性总布置影响，不同的总布置要求会匹配不同的中庭空间功能区域规划设计方案。一般性总布置要求是低层区甲板中部设置室内活动室，包括咖啡厅、图书馆、商业内街；低层区甲板两端设置自助餐厅、特色餐厅及大型剧院等大面积舱室。此种总布置方案，会把中庭设计于室内活动室的中心位置，因为部分邮轮中庭兼具了商业售卖功能和娱乐休闲功能，这样室内活动室的场空间资本一样会有助于功能分区和管理。差异性总布置采用垂直分区布置，高层甲板为露天娱乐活动区域，中层甲板为游客居住客舱，低层甲板为游客公共活动区域。差异性总布置适合于吨位数超过 12 万吨的大型邮轮，船体结构更为宽敞。在这类大型邮轮中，中庭空间不仅包括艺术资本，还会结合餐饮及娱乐功能，包含文化资本、物质资本和经济资本，呈现更为复杂的多功能业态。

最后，基于邮轮总布置要求，优化中庭空间流线的通畅性。中庭空间流线是指游客在大型邮轮中庭空间内的活动路线，良好的空间流线规划简洁合理、明晰易达，对大型邮轮运营及游客区域的管理具有重要影响。邮轮总布置不仅对中庭空间功能分区有着至关重要的作用，还肩负着游客疏散、紧急逃生等路线的规划，要求空间流线具有很强的通畅性。因为中庭是邮轮内最大的交通单元空间，肩负着大量游客的聚散功能。中庭空间流线的设计方案是由各个影响着空间流线布局的关键点共同作用实现的。不同的邮轮总布置的侧重方向会引导不同的空间流线方案，从而影响大型邮轮中庭空间的规划设计。总之，在具体设计研究中，可以基于邮轮总布置要求，从空间规则、资本属性入手，探究不同并联式空间流线、串联式空间流线及混合式空间流线对中庭设计的影响，再确定符合公共空间流线要求的中庭设计方案。

第三节　大型邮轮中庭空间规划设计

中庭空间是大型邮轮高密度复合功能空间，为满足游客的不同使用需求，中庭空间会设置不同的功能区域，主要包括观赏类休闲区域、餐饮类休憩区域、商业类活动区域。由于中庭空间单元往往位于大型邮轮中层甲板的中心位置，对大型邮轮其他功能空间单元起着承上启下的作用。因此，中庭空间设计不是孤立的，而是具有"牵一发而动全身"的影响，需要综合考量设计过程中不同功能区域之间的关系。总之，在中庭空间规划设计中，先要确定适宜的中庭空间布局形式和尺寸比例，这会直接影响到大型邮轮中低层甲板舱室的设置。此外，中庭发挥着承上启下的作用，设计中不仅要考虑中庭自身的因素，还需要从全局考虑，兼顾中庭空间与大型邮轮其他公共空间的组合方式及连接要素，从而使大型邮轮成为一个布局合理、互相联系的有机整体。

一、中庭空间布局形式设计

1. 聚心式中庭布局

聚心式中庭布局聚焦一种空间主题，如关注文化关系网络，则对中庭空间交通区域和观赏类休闲区域进行组合。在规则层面，要求有序、整洁；在资本层面，注重艺术资本、文化资本、精神资本。聚心式中庭布局以一种空间主题为基础，连接大型邮轮其他功能单元。聚心式中庭布局适合13万吨以下的大型邮轮，其船体结构的约束性相对更大。

在大型邮轮中庭空间，可变资本能向其他类型资本转变，但不同的资本类型也存在不可比较性。可变资本是中庭空间内的特殊资本形式，因为中庭空间属于复合功能空间，可变资本能基于中庭复合价值取向而转变资本类型。随着中庭肩负的复合功能增多，中庭空间内可变资本可转为经济资本、象征资本或物质资本。当中庭兼具开放式商业功能时，可变资本转为经济资本，聚心式中庭布局可以兼容商业类活动区域；当中庭空间兼具休闲功能时，可变资本转为象征资本，聚心式中庭布局可以连接观赏类休闲区域。因此，中庭空间的可变资本使聚心式中庭布局更具有灵活性。

以聚心式中庭兼容观赏类休闲区域为例。从中庭空间本身特征来看，主要刚性规则是禁烟、有序、畅通，主要资本类型是艺术资本、文化资本，主题是突出文化艺术表演和娱乐类节目。而从大型邮轮功能单元组合入手，观赏类休闲区域和中庭空间交通区域在规则、资本类型上都有重合的部分。因此，聚心式中庭布局可以依托中庭交通功能单元连接观赏休闲功能单元，实现物与物的连接。在同一主题背景下，资本的作用和规则的界定效果更加明显。例如，皇家加勒比海洋圣歌号邮轮采用聚心式中庭布局，基于船体结构的限制，用中庭连接了艺术画廊、音乐吧等。文化关系网络背景下的聚心式中庭布局使整个中庭空间内的艺术画廊、音乐吧更具有吸引力。

2. 贯穿式中庭布局

贯穿式中庭布局兼顾两种空间主题，如关注文化关系网络、经济关系网络，则将中庭空间交通功能单元与观赏类休闲区域、商业空间进行组合。在规则层面，有两大类刚性规则：一是有序、畅通、整洁；二是等级身份、限定性就餐、安静、时段性或者无欺诈、无假货、诚信、平等、公平。在资本层面，可以归纳为艺术资本、文化资本、经济资本、象征资本。贯穿式中庭布局对两种空间主题进行组合，可以容纳多种区域的刚性规则和资本类型。

贯穿式中庭布局可以发挥中庭空间可变资本的作用，使中庭空间主题兼具文化关系网络和经济关系网络两种。若中庭空间可变资本是经济资本和象征资本，则贯穿式中庭布局涵盖了观赏类休闲区域和餐饮类休憩区域；若中庭空间可变资本是经济资本和物质资本，则贯穿式中庭布局涵盖了观赏类休闲区域和商业类活动区域。贯穿式中庭布局适合13万吨至16万吨的大型邮轮，其船体平均宽度大于13万吨以下大型邮轮的平均宽度，为中庭空间与邮轮其他功能空间的结合奠定了基础。贯穿式中庭布局使中庭成为中层甲板至低层甲板区重要的连接纽带，观赏类休闲区域、餐饮类休憩区域、商业类活动区域依次围绕着中庭梯道环围、楼梯、吧台等交通区域进行规划。

正是因为大型邮轮中庭内功能区域之间并不是彼此孤立的，即观赏类休闲区域、餐饮类休憩区域及商业类活动区域存在关联性，中庭空间功能区域才能在互动中呈现其实际的"意义"。贯穿式布局使中庭同时具有双向中庭和边庭的优点，中庭的两侧直接对外开敞，两边被大型邮轮功能空间所包围，在兼顾交通疏散的同时也实现了内外空间的自然转换。所以贯穿式中庭发挥了两种"关系网络"的作用，在设计布局时，结合其他功能舱室的内在逻辑和布局要求。贯穿式布局的中庭常常作为游客首次进入大型邮轮的门厅，成为公共空间与功能空间互换的过渡体，同时也可以保证其空间形态符合大型邮轮船体结构。

依据空间主题，贯穿式布局的中庭空间可以由主核中庭空间与多个形态各异的功能空间相连，组成庞大的空间网络。若干娱乐、购物或餐饮类休憩区域围绕着纵向贯穿形状的中庭空间展开组合。通过垂直的交通布局，中庭空间形成一个有弹性的、连续的、空间阶层区分明确的空间序列，所以贯穿式布局的中庭空间在大型邮轮空间界定上是明确和强烈的。例如，诺唯真喜悦号邮轮中庭空间采用了贯穿式布局，纵向贯穿4层到8层甲板，其最大的特点是兼顾了两种空间主题，形成了文化关系网络和经济关系网络，辐射到若干观赏类休闲区域和商业类活动区域。贯穿式布局的另一个特点就是通过中庭对大型邮轮内复杂交通空间进行系统的组织，在低层甲板和中层甲板进行转换，将中庭空间与邮轮其他公共空间融为一个连续的有机体。

因此，从设计层面看，兼具两种空间主题的贯穿式中庭布局，明确了两种空间关系和逻辑结构，利用景观梯道在中庭实现"特定景观功能"和"特定交通功能"的叠加，是保障中庭空间功能区域有序关联的中介实体。景观梯道不仅是连接中庭空间功能区域的物理构件，还是中庭延伸到邮轮其他公共空间的桥梁。景观梯道在中庭内不仅承担了安全疏散和装饰性的功能，还发挥了界定中庭空间功能区域的作用。

3. 复合式中庭布局

复合式布局的中庭空间，其功能区域作用效果可以出现"重叠"，涵盖了文化关系网络、服务关系网络和经济关系网络。中庭空间内资本可以相互转换，如餐饮类休憩区域和商业类活动区域的经济资本、物质资本、象征资本可以转换，观赏类休闲区域的文化资本也可以转换为艺术资本（图 4-3）。中庭空间的边界、内部结构、运行逻辑特征较为鲜明，因此，在垂直功能分区中，复合式布局的中庭可以凸显空间主题中不同资本的影响力。

复合式中庭布局最大的特点就是兼具贯穿式布局和聚心式布局的优点。垂直功能分区采用贯穿式布局，以景观梯道和观光电梯为媒介；横向功能分区采用聚心式布局，以挑空走廊为媒介。密布的交通设施和核心的空间位置，决定了中庭在促进多种资本流通和转化上的重要地位。复合式中庭布局类似于大型邮轮内的综合体，横向空间以中央大道、挑空走廊连接中庭和娱乐、商业空间；垂直空间以景观梯道连接中庭和餐饮空间。在复合式中庭布局内，经济资本、文化资本和象征资本、物质资本都围绕着中庭空间功能区域不断地转换。

在纵向层面，复合式中庭布局通常使用垂直交通组织设计元素，包括坡道、自动扶梯、景观楼梯。复合式中庭布局的自动扶梯不只是甲板之间上下连接，而是通过增加自动扶梯的长度，实现多层甲板间的联系。这种垂直交通组织设计元素可以在纵向空间串联起中庭空间多个功能区域，满足资本在邮轮商业综合体空间转换的需求，激活整个邮轮的商业氛围，有效改善中高层甲板空间的活力，解决低层甲板和中层甲板的客流导入问题。经济资本、文化资本和象征资本、物质资本在邮轮商业综合体空间内进行多次转换，以中庭空间功能区域为核心，辐射了大部分的公共空间。

此外，中庭垂直交通组织设计元素必须经过设计，不是简单地照搬陆地商业综合体的自动扶梯设计，而应考虑游客从中庭空间到邮轮其他公共空间的过程中，可能与某商业品牌"不期而遇"，经济资本的价值就凸显出来。合理的中庭垂直交通组织设计可以为商家留住游客，中庭自动扶梯对于目的性游客不是一种阻挠。这样，复合式中庭布局可以使资本在中庭空间功能区域转换和流通，带动大型邮轮商业区域的人气，并以垂直交通组织设计元素提升中庭空间的品质和环境氛围。

在水平层面，复合式布局的中庭空间水平交通以中央大道和挑空走廊作为基本元素连接大型邮轮功能空间，其中以中央大道为主、挑空走廊为辅形成环路。中央大道和挑空走廊内的活动主要是步行，是餐饮、交流、邮轮体验的主要方式，也是复合式布局中庭空间水平层面的重要交通环节。复合式布局中庭空间应满足安全、舒适等基本要求。在邮轮

　　　　商业类活动区域　　　　娱乐类休闲区域　　　　餐饮类休憩区域　　　　景观功能单元　　　　交通功能单元

　　　　经济资本、文化资本、象征资本、物质资本

图 4-3　复合式中庭布局

消费文化的影响下，复合式布局要求中庭空间中央大道和挑空走廊能够提高功能空间关联度，并具有引导性和识别性，增强商业消费等特点。

二、中庭空间尺度比例设计

大型邮轮中庭空间尺度比例主要是空间层面带给游客的感受，即通过序列、缩小、放大等形式构建空间高度和纵深之间的关系。根据前面章节分析的中庭集中式、贯穿式、复合式布局可以看出尺度比例对空间之间如何组织极为重要，也对游客的空间感受有着一定的影响。当中庭空间尺度比例处理得较好时，有利于提升游客体验和资本的运转，使中庭空间布局更加合理。但是大型邮轮内的中庭和公共空间尺度比例往往会受到船体甲板的限制，一般根据竖向甲板之间的高度，以及邮轮船体结构要求的恒定参数下的柱间距决定进深和开间等。因此，中庭竖向空间要扩展尺度需要打通竖向甲板层。

在大型邮轮内，由于中庭位于大型邮轮核心交通区域，中庭空间尺度比例的制定会影响到其他公共空间。探究中庭空间尺度比例是综合考量中庭空间与其他公共空间关系的重要环节之一，只有适宜的尺度比例关系才能形成良好的"物"与"物"的关系。此外，适宜的中庭空间比例尺度有助于空间规划及各类资本更好地发挥作用，能引导游客进入相对应的功能区域。中庭空间比例与尺度关系密切，比例决定尺度，两者共同决定了中庭在大型邮轮内的面积大小，对中庭空间布局形式所涉及的空间主题也会产生影响。

中庭空间尺度比例不仅要遵循船级社规范，而且也会受到大型邮轮舱室尺寸要求的制约。通过对现役大型邮轮中庭空间尺度比例的分析，归纳了中庭空间尺度比例范围与空间效果的内在联系。这种范围为设计师提供了参考，使他们能从中庭空间体验效果角度寻求适宜的中庭基本尺寸关系。对于大型邮轮中庭空间而言，长度和高度直接决定了尺度比例及与其他公共空间的界线。因此，本书通过分析中庭空间的长度（L）与中庭空间的高度（H）的关系来归纳中庭空间尺度比例范围，具体见表4-1。

表4-1　中庭空间尺度比例 L/H 关系

L/H	中庭空间效果
L/H<0.5	会产生拥挤感，空间狭窄
L/H=0.5	中庭空间显得压抑，适合吨位低于 8 万吨的小型邮轮
L/H=1	均匀尺度比例，但完全看清中庭侧面的构图仍很困难，中庭空间容纳 1 个功能区域更佳
L/H=2	中庭墙面的整个局部和立面清晰可见，中庭空间容纳 1~2 个功能区域更佳
L/H=3	使游客在中庭空间内感到宽敞，类似于商业街形式，降低了空间的封闭感，中庭空间容纳功能区域更佳
L/H>3	随着比例值的增大，空间会产生距离感，中庭空间容纳 3 个及以上功能区域更佳

但中庭空间的尺度比例与中庭空间布局形式、空间效果的关系不是绝对的，仅作为船舶室内设计师的参考。每一艘大型邮轮的吨位、排水量、载客量、舱室布置都存在差异，对于中庭空间尺度比例而言，没有绝对正确的尺度标准。在尺度适宜的大型邮轮中庭空间中，中庭空间功能区域连接合理，区域划分明确，基于不同布局形式的空间主题各自发挥作用，能够为游客提供较好的空间氛围。大型邮轮的长高比会影响功能区域的数量，多数情况下，随着比值的增大，其容纳的不同类型的功能区域数量也增多，但也要视具体情况而定。

总之，在中庭空间设计中要把握好尺度比例，根据中庭布局形式"量体裁衣"。中庭空间和大型邮轮功能空间的尺度比例无法用精确数字衡量，并会随着空间组合方式的不同而变化。适宜的中庭空间尺度比例伴随着恰当的空间主题和资本类型，会使得中庭空间功能区域之间连接合理，功能界定清晰，给游客营造一种宜人和舒适的感觉。尺度比例偏小的中庭空间，容易形成温馨和宁静的气氛；尺度比例偏大的中庭空间，则会给游客一种宏伟壮观的视觉效果。在上述 L/H 与中庭空间效果对应的基础上，中庭空间功能区域之间、各单元之间、功能区域与游客之间都应该有适宜、合乎船级社规范的尺度关系。当然，在某些主题鲜明的大型邮轮内，设计师可以通过设计手法夸大尺度，重点突出某种空间主题，以吸引游客的注意力，形成中低层甲板区的视觉焦点。

三、中庭空间功能组合设计

中庭空间是邮轮上面积最大的公共空间，也是最重要的基本交通空间。中庭空间连接着纷繁复杂的邮轮功能单元，使不同的功能空间形成一个有机的整体。中庭空间有着"桥梁枢纽"的作用，可以说是大型邮轮功能空间的连接线。在大型邮轮设计规划时，如何进行中庭空间功能区域组合是中庭空间规划设计的重点之一。下面将基于大型邮轮总布置要求，从中庭空间功能区域入手，归纳出四种空间主题下的中庭空间功能区域组合模式。

1. 中庭空间交通单元与观赏类休闲区域组合

观赏类休闲区域为游客提供的视听类活动，是邮轮上主要的消遣娱乐方式，目的是让游客在邮轮内放松身心、欢度闲暇。观赏类休闲活动对游客的参与互动要求较低，主要包括音乐表演、娱乐活动等。随着邮轮内娱乐休闲功能的增加，邮轮组织的表演、跳舞、船长互动等休闲活动也呈现出丰富的内容。基于观演行为的特点，如何抓住游客的注意力是这类舱室设计的重点。

中庭空间交通单元与观赏类休闲区域都位于邮轮中低层甲板区域，当中庭空间突出观赏类休闲主题时，中庭空间观赏类休闲区域塑造了文化关系网络。在空间主题层面，以"文化精神"和"艺术审美"为背景形成了文化休闲主题；在资本层面，以文化资本、艺术资本为主。文化关系网络内，资本获益最为典型的是精神利益。用中庭空间交通单元串联起观赏类休闲区域，可以使功能区域共同作用于文化关系网络。文化资本、艺术资本则是这个组合空间中游客追逐的对象，游客需要获得精神上的放松和心情上的愉悦。

中庭空间交通单元与观赏类休闲区域的组合，共同塑造了文化关系网络，除了节目本身的精彩程度外，舱室环境风格的气氛烘托效果也是一个重要的方面。观赏类休闲区域本身的观演属性，使得其空间设计必须满足游客的听觉、视觉等人体功能学需要。所以，从根本上而言，中庭空间观赏类休闲区域在邮轮中低层甲板营造了一种文化与艺术的沉浸式氛围，凸显了文化关系网络的作用。在此背景下，物与物的关系以文化、艺术、视觉享受为准则，在空间装饰和灯光设置上，也呈现出很明显的以舞台为中心的发散型效果。

2. 中庭空间交通单元与餐饮类休憩区域组合

餐饮类休憩区域类型众多，为游客提供餐饮服务。餐饮类休憩区域位于大型邮轮中低层甲板区域，属于邮轮重要的功能单元之一。基于客流量大、服务时间长的舱室特点，餐饮类休憩区域是一个随意性很强的邮轮舱室。任何时间（除子午夜）游客都可以进入餐饮类休憩区域，但是部分餐饮类休憩区域对进入的游客等级有规定。同时由于客流量大，餐厅对流畅的游客流线要求高，这一点和具有交通功能属性的中庭空间具有一样的要求，设计一条流畅不交叉的游客流线在餐饮类休憩区域尤为重要。餐饮类休憩区域常常在中低层船体中轴线上设置一条环形走廊，走廊内侧是座位、柜台、食材区，外侧是过道。

对于中庭空间而言，中庭内的餐饮单元分为两大类型：点心和饮品酒水，供游客在中庭休憩的同时进行饮食享受。中庭空间餐饮类休憩区域一般全天开放，没有固定的用餐时间，提供的点心酒水属零食快消类产品。中庭空间餐饮类休憩区域没有类似于宴会的礼仪性要求，灵活、自由是其重要的特征。在布局上，弧线形的内部设计营造流动的氛围，长廊与中庭外的餐饮类休憩区域相连，以方便出外就餐。中庭空间餐饮类休憩区域桌椅的摆放，有2人和4人座，也可以围绕中庭吧台设置高脚椅，游客围着高脚椅落座，工作人员以中庭吧台为中心为落座的游客提供点心和饮品酒水服务。

当中庭空间交通单元与餐饮类休憩区域组合时，这两个空间单元共同塑造了服务关系网络。在空间主题层面，以饮食、休憩为主；在资本层面，以经济资本为主。服务关系网络内，资本获益最为典型的是优质餐饮服务。中庭空间餐饮类休憩区域可以面向有饮食与休憩需求的游客。经济资本所带来的优质餐饮服务则是这个组合空间内游客追逐的对象，从意式披萨到日式料理，从法式甜品到中式炒菜，都能给游客提供。

中庭空间交通单元与餐饮类休憩区域的组合，共同塑造了服务关系网络。餐饮类休憩区域内部通常使用木格栅、矮墙、玻璃或者景观植物等来分割空间。自由的氛围是服务关系网络的主要特点，游客在中庭空间内，可以自由地享受邮轮提供的优质餐饮服务。因此，中庭空间交通单元与餐饮类休憩区域组合时，为邮轮中低层甲板区域营造了一种优质餐饮服务的沉浸式氛围，凸显了服务关系网络的作用。在此背景下，物与物的关系以服务、自由、饮食享受为准则，在装修材料选择上，以易于清洁的材料为主，不适合使用地毯，要用木地板或地砖等易清洁的硬质材料代替。

3. 中庭空间交通单元与商业类活动区域组合

大型邮轮商业活动单元以免税商店为主，出售的商品一般都属于奢侈品类。因此，与普通的日用品商店不同，大型邮轮上的商业类活动区域装修设计都需要反映奢华、高贵、精致的氛围。商业类活动区域位于中低层甲板区域，根据不同邮轮的市场定位进行安排。商业类活动区域没有靠外舷的观景采光需求，通常集中布置在游客室内活动主甲板上。

中庭空间的商业类活动区域是在中庭开放性空间设置商品售卖柜台，这类柜台都是非闭合式的，中庭来往的游客都可以在柜台挑选物品。中庭空间商业类活动区域是为了提高邮轮商业价值。不同于邮轮免税店和奢侈品店，中庭空间的售卖单元多围绕中庭轴线布局，四周开放式设置，装修设计同样需要反映奢华、高贵的氛围。售卖单元装修材料多采用靓丽、高档的材质，配合柔和的灯光，并增加局部照明烘托商品的精致。

当中庭空间交通单元与商业类活动区域组合时，这两个空间单元共同塑造了经济关系网络。在空间主题层面，以"物质资本"和"经济资本"为主形成了经济关系网络；在资本层面，以物质资本和经济资本为主。经济关系网络内的资本获益最为典型的形式是商品价值。中庭空间串联起商业类活动区域，可以使得功能单元作用于经济关系网络。物质资本和经济资本所带来的商品价值是这个组合空间内游客追逐的对象。从服饰皮具到各式箱包，从旅游纪念品到高档手表，经济关系网络使游客让渡经济资本获得商品价值。

商业活动氛围是中庭空间商业类活动区域的主要特点，游客在中庭空间中，可以使用经济资本置换等价物品。以商业街、通道、梯道环围等元素连接了中庭空间多个商业类活动区域。因此，空间有限的大型邮轮可以结合中庭进行环形布置，或沿主甲板通道布置；13万吨位以上的大型邮轮可以采用中庭与商业街组合的布局形式，借助中庭串联多个商业类活动区域，形成连续的购物环境以容纳更多的店铺。而这些商业街的通道宽度要兼顾中庭空间客流量高的需求。总之，中庭空间交通单元与商业类活动区域组合时，为游客提供了沉浸式的购物氛围，凸显了经济关系网络的作用。

4. 中庭空间交通功能单元与多种功能区域组合

经由海洋船舶与陆地商业综合体两种形式的结合，大型邮轮已华丽地转变为流动的海上商业综合体。以远洋航行为背景，乘坐大型邮轮成为集餐饮、娱乐、购物、休闲、住宿、休闲等众多功能于一体的度假方式。大型邮轮中庭空间作为最大的公共空间，逐步涵盖了餐饮类休憩区域、观赏类休闲区域、商业类活动区域。对于游客来说，大型邮轮中庭空间多样化的功能组合在不同层次上支持并满足游客对于远洋旅游的需求。

从功能上讲，中庭空间最多可同时包含休闲娱乐功能、观演功能、商业功能、景观功能、交通功能、餐饮功能等，是大型邮轮内特殊的综合体。中庭通常位于邮轮的核心位置，起到连接免税店、餐厅、剧院、棋牌室、咖啡厅等多种功能空间的作用，是游客来往的必经之地。

大型邮轮中庭空间多个功能区域都布置在中低层甲板区域，当中庭空间多个功能区域组合时，共同营造了复合关系网络。在空间主题层面，中庭空间多个功能区域以所携带的资本为背景形成了复合关系网络；在资本层面，涉及文化资本、艺术资本、经济资本、物质资本和象征资本。复合关系网络内的资本类型多样化，资本之间的"转换"更为复杂。此外，大型邮轮中庭空间涵盖了多种功能空间，可以使得不同功能区域共同作用于复合关系网络，从餐饮美食到消费购物，从休闲娱乐到艺术展示，中庭空间内的多样化资本所带来的体验价值是这个空间内游客追逐的"目标"。

四、中庭空间交通单元连接要素设计

基于空间界面的划分，大型邮轮中庭空间通过交通单元各连接要素连接多个功能区域，连接要素包括观光电梯、观光电梯厅、景观梯道、景观梯道环围等。因为中庭空间本身具有景观效果，这类要素最基本的作用是连接大型邮轮中庭空间各类功能区域，使游客能够从中庭空间便捷、流畅、快速、安全地到达中庭空间功能区域。所以，这类连接要素的位置、设置方式和尺度大小，应该参考上文归纳的中庭空间功能组合类型来展开，保证大型邮轮中庭空间交通单元的顺畅性和合理性。下面将对具体的中庭空间交通单元连接要素进行分析。

1. 观光电梯

观光电梯是连接上下层甲板的要素，在纵向空间方向串联起中庭空间和功能空间。相对于封闭电梯，观光电梯还具有装饰作用，其凌空一面由透明玻璃围合而成，游客可以看到中庭空间的景观效果。封闭电梯容易给游客一种压抑的感觉，而观光电梯视野清晰，游客可以在使用过程中感受到竖向空间序列感。观光电梯除了具有连接功能外，当把灯光效果应用于在中庭空间上下穿梭的观光电梯时，其本身还具有特色的景观。

功能设施：观光电梯机房、观光电梯井道。

连接功能：连接上下层甲板，即中庭空间与功能区域的竖向空间序列。

装饰功能：中庭内的观光电梯配合精致的灯光效果，可以成为上下移动的装饰，观光电梯内的游客也可以在移动中欣赏景观。

无障碍功能：在满足连接功能和装饰功能外，观光电梯应满足无障碍设计的要求，具体见表4-2。

表4-2　中庭空间观光电梯无障碍设计要求

设施类别	要求
电梯门	净宽度大于或等于0.8m
扶手	轿厢正面与侧面应设置0.8~0.85m高的扶手
选层按钮	轿厢侧面应设带有盲文的按钮，设置高度为0.9~1.1m
镜子	轿厢正面0.9m至顶部应安装镜子
音响与显示	观光电梯抵达时音响声音清晰可辨，清晰提示轿厢的运动方向和所到层数
面积	轿厢深度大于或等于1.4m；轿厢宽度大于或等于1.1m，并且按钮设置高度为0.9~1.1m

2. 观光电梯厅

大型邮轮中庭观光电梯厅是等候观光电梯的场所，在横向层面连接中庭空间功能区域，主要起到集散、等候、缓冲进出观光电梯的客流作用。观光电梯厅可以成为中庭空间功能区域之间的过渡部分，并且肩负了中庭的交通功能。

功能设施：观光电梯厅需要具备一定体量的空间供游客集散。一般电梯厅的宽度以不小于最大电梯轿厢深度的1.5倍为宜。中庭空间的观光电梯厅常与大型邮轮公共空间主通道结合设置，设计时除了要考虑等候电梯客流及电梯集散客流，还应适当增加宽度，兼顾来往游客、通道外观及舒适度。

连接功能：观光电梯厅在横向层面连接了中庭空间与大型邮轮其他公共空间，供游客在此等候观光电梯。此空间应保持游客视线通畅，等候的游客可以看到电梯厅内的所有观光电梯。一般根据中庭空间功能区域、邮轮其他公共空间连接的"结合点"数量设置若干电梯厅。

无障碍功能：除满足连接功能和容纳功能外，观光电梯厅还应满足无障碍设计要求，具体见表4-3。

表4-3　中庭空间观光电梯厅无障碍设计要求

设施类别	要求
按钮	按钮设置高度为0.9~1.1m
电梯门洞	净宽度大于或等于0.8m
音响与显示	观光电梯抵达时音响声音清晰可辨；清晰显示轿厢上下运动方向和层数位置
标志	每层电梯口设置层数标志；电梯口应提示盲道
深度	电梯厅深度大于或等于1.8m

3. 景观梯道

景观梯道是中庭空间功能区域连接上下层甲板的媒介，属于竖向空间连接要素的主要组成部分。中庭的景观梯道也具有一定的装饰性，与公共空间结合形成邮轮重要的交通节点。景观梯道是中庭空间连接各个功能区域的基本要素，也是中庭景观搭配的一部分。景观梯道除了具有交通、美观、舒适、安全等基本功能外，还提高了中庭空间与大型邮轮公共空间的关联度。景观梯道有助于加强功能区域之间的联系，提高中庭空间功能区域的辨识度，可引导性疏散客流，创造更多的商业机会。

功能设施：由于中庭空间是邮轮紧急疏散的集合区域，景观梯道承担了安全疏散的责任，设计建造时须注重梯道安全性，并满足船舶规范对于疏散通道的规定。中庭空间景观梯道则应兼具装饰性、交通性和安全性。

连接功能：景观梯道连接中庭空间各个功能区域，其数量和宽度根据邮轮吨位和载客量进行计算。中庭景观梯道连接大型邮轮公共空间时，中庭整体空间比例应协调，尺度适宜。

装饰功能：景观梯道通过使用与中庭地面一致的材质拼花、防滑尘板、防滑条、重点区域材质的变化等形式提高其装饰性。景观梯道整体风格要与中庭空间艺术风格相匹配，如欧式古典主义中庭的景观梯道会选择哥特元素、巴洛克元素或洛可可元素进行装饰，通过强烈的色彩、丰富的线脚和雕刻、复杂曲线和漩涡，表现出一种华美的效果。

无障碍功能：除具有连接功能外，景观梯道还应满足无障碍设计要求，具体见表4-4。

表4-4　中庭空间景观梯道无障碍设计要求

设施类别	要求
梯段	景观梯道的每梯段净宽不能高于1.6m
台阶	踏步高度不应大于0.16m，踏步宽度不应小于0.32m
坡道	坡道中供轮椅使用的坡度不应大于1：13，两侧应设有高度不低于0.55m的扶手

4.景观梯道环围

景观梯道环围是中庭的集散空间，与景观梯道共同组成横向和竖向连接系统。景观梯道环围是主竖区的连接要素，承担整个主竖区的客流疏散。应依据中庭空间需要连接的功能区域的类型，来确定景观梯道环围的规模和梯道宽度。中庭空间通过景观梯道环围、电梯厅在横向层面与大型邮轮公共空间相连接。

功能设施：中庭内的景观梯道环围是楼梯宽度的2倍，以保证客流的畅通。景观梯道环围的材料必须为不可燃材料，要符合国际船级社和SOLAS（《国际海上人命安全公约》）的规定。

连接功能：景观梯道环围是协调中庭与大型邮轮其他公共空间的横向交通节点，也是景观楼梯的辅助区域。因此，景观梯道环围作为横向连接要素直接影响中庭空间功能区域之间的组合方式，是横向空间发展的重要载体。

装饰功能：由于材料使用的限制，景观梯道环围的装饰相对比较局限。多使用镜面不锈钢进行表面装饰以缓解相对低矮的空间带来的压抑感，或运用圆角的金属艺术品进行装饰。这样在装饰的同时也满足了防火规范及安全性要求。

无障碍功能：在满足连接功能和容纳功能外，景观梯道环围还应满足无障碍设计要求，具体见表4-5。

表4-5　中庭空间景观梯道环围无障碍设计要求

设施类别	要求
出口	入口内外应留有不小于1.5m×1.5m轮椅回旋余地
梯道环围宽度	走道宽度不应小于1.8m
扶手	走道两侧设有高不低于0.85m的扶手
墙角	在走道两侧墙角的下部，应设有0.35m的护墙板
梯道环围地面	在走道一侧的梯道环围地面，应设宽0.4~0.6m的盲道，盲道内边线距墙面0.3m

第四节　本章小结

首先，本章分析了大型邮轮中庭空间功能的规划，涵盖中庭空间观赏类休闲区域、餐饮类休憩区域、商业类活动区域。中庭空间观赏类休闲区域是大型邮轮内主要的娱乐活动场所之一。区别于其他功能空间的是，观赏类休闲区域活动常常不需要游客主动参与，以观赏为主，活动类型主要是表演，通过节目本身的精彩程度来烘托空间的气氛。餐饮类休憩区域是大型邮轮中庭空间的重要组成部分，用餐区是餐饮类休憩区域的主体区域，用餐区的室内空间尺度、功能的布置使用、分布规划的流畅及环境的舒适度都是环境设计的重中之重；吧台区是工作人员的使用区域，通常位于餐饮类休憩区域入口处，既陈列食品酒水，又兼具提供咨询服务。大型邮轮中庭空间商业类活动区域的布局会根据不同商业主题和航区特点进行设计。通常商业类活动区域没有依托邮轮外舷采光的需求，一般都会布置在主甲板上下位置。此外，舱室空间狭小的大型邮轮会结合中庭将商业类活动区域环形布置，或沿中央大道布置；舱室空间较为宽敞的大型邮轮则以商业街的形式布局，形成较连续的购物环境以容纳更多的店铺。商业活动舱室的走廊宽度还要兼顾各类表演、集会、游艺等集体活动的需求。

其次，本章阐述了大型邮轮中庭空间规划的影响因素。从大型邮轮总布置和总规划设计来看，整个大型邮轮可以看作是一个大空间，中庭空间是大型邮轮的一个相对独立的子空间，由一系列的功能区域组成。基于大型邮轮总布置规范，中庭空间规划受到中庭空间规则、中庭空间资本、游客行为偏好的影响，而规则制约着游客行为。

最后，本章探讨了大型邮轮中庭空间规划设计思路。围绕聚心式中庭布局、贯穿式中庭布局、复合式中庭布局分析中庭空间布局形式设计。中庭空间尺度比例不仅要遵循船级社规范，而且受到大型邮轮舱室尺寸要求的制约。尺度比例偏小的中庭空间，容易形成温馨和宁静的气氛；尺度比例偏大的中庭空间，则会给游客一种宏伟壮观的视觉效果。在

L/H 与中庭空间效果对应的基础上，中庭空间功能区域之间、各单元之间、功能区域与游客之间都应该有适宜、合乎船级社规范的尺度关系。此外，在大型邮轮内，中庭、大厅等规模较大的公共空间除了肩负交通疏散功能外，在设计规划时要综合考虑如何把握中庭空间功能区域的组合，这也成为中庭空间规划设计的重点之一。大型邮轮中庭空间交通单元，通过观光电梯、观光电梯厅、景观梯道、景观梯道环围等连接多个功能区域。

总之，在中庭空间规划设计中，先要确定适宜的中庭空间布局形式和尺度比例，这会直接影响大型邮轮中低层甲板舱室的设置。此外，中庭被赋予了承上启下的作用，设计中不仅要考虑到中庭自身的因素，还要从全局考虑，兼顾中庭空间与大型邮轮其他公共空间的组合方式及连接要素，从而使大型邮轮成为一个布局合理、互相联系的有机整体。

大型邮轮中庭空间流线设计研究

第一节　游客行为偏好解析

一、游客行为偏好的特征

游客行为偏好是一套潜在的、持续的、可转换的游客性情倾向系统。游客行为偏好是游客在长期的社会活动中积累的实践经验在游客心中留下痕迹后，进而形成的性情倾向系统，即游客行为偏好形成于游客的实践活动。邮轮游客行为偏好确保了游客陆地经验的有效存在，这些经验以思维和行为图式的形式"储存"于每个邮轮游客身上，与大型邮轮中庭内明确的规范相比，能更加可靠地保证游客实践活动的可行性。因此，一旦游客在大型邮轮中庭空间内形成行为偏好，就意味着游客长期的社会化经历使个体产生了与中庭环境相适应的认知结构、禀性系统。当然，游客行为偏好是一个动态的、开放的形塑过程，它与游客在大型邮轮内的实践行为密切相关。游客行为偏好不但会随着游客进入大型邮轮的次数而改变，而且也会在邮轮旅行经验的影响下调整自己的结构，所以游客行为偏好是"稳定持久的，但不是一直不变的"。

游客行为偏好是多样化的，存在着一定的"阶层分化"。由于大型邮轮中庭的条件存在一致性，同一等级的游客实践活动在客观上趋于一致，而无须践行任何实践策略或有意识地参照某种规则。相对于单个游客而言，同一旅行社或同一等级的游客的实践活动更具有协调性，游客不仅遵循自己的规则，还与他人相协调。因此，当游客进入大型邮轮中庭空间后，个体行为的成功内化，成了协调个人行为和他人行为的条件。当然，同一等级游客群体的一致性中也存在着多样性，即游客个体的行为偏好。行为偏好的多样性让中庭空间内的游客无一例外地都受到"空间结构力量"的影响，而中庭空间主题差异性又导致了影响程度的不同。邮轮内同一等级的游客社会化经验既存在独特性，又具有相似性。综上所述，一方面游客行为偏好具有客观相似性，另一方面，在中庭空间主题差异性的影响下，游客行为偏好的主观能动性逐渐凸显。

游客行为偏好作为内化于心的"行为结构范式"，有持久的游客性情系统再生功能，即游客行为偏好在中庭空间功能区域具有"生成能力"，它能不断地将外部环境特征内化为游客的体验及感受。游客行为偏好对中庭空间的"映射"不是简单地复制加工，而是以一种内在力量发挥作用，使游客在中庭内获得舒适和自由。对于游客而言，他们在中庭空间获得的艺术资本及文化资本也是游客行为偏好的产物，游客在中庭空间内的实践活动便是将自身的行为偏好具体化。

在用户体验设计理论中，洞察人的行为偏好是化解主客观二元对立的一种尝试。行为偏好既是游客的内在主观精神状态，又是外化的实践行为。在大型邮轮中庭空间内，行为偏好的形成过程既是游客主观状态向外结构化的过程，又是邮轮及中庭的客观环境向内被主观认知的过程。因此，行为偏好是游客在实践探索的过程中获得的并不断地发挥作用、不断在邮轮内被形塑的性情倾向，其伴随游客在邮轮中的整个过程。

二、游客行为偏好的分类

主观性的行为偏好和客观性的中庭空间构成是密不可分的，二者是相互形塑的主观客观化和客观主观化的统一。在一个大型邮轮中庭空间内部，空间环境与行为偏好之间存在"本体论的对应关系"，即空间环境会形塑行为偏好，行为偏好也成为空间环境在个体上的体现。空间环境形塑的行为偏好具有多样性，多种类型的行为偏好把空间环境建构成一个彰显场所精神的空间形态。

在大型邮轮中庭空间，游客行为偏好也有着多样性，可以将游客行为偏好分为五种，即社交行为偏好、购物行为偏好、观赏行为偏好、娱乐行为偏好、休憩行为偏好。这五种行为偏好类型代表了游客在中庭内的五种性情倾向系统。按照用户体验设计理论，行为偏好既是主观的又是客观的，克服了主观主义和客观主义的对立。游客的五种行为偏好类型是游客个人的行为，具有主观性；但它们也是从集体实践中抽象概括的，具有客观性。本书针对游客行为偏好的分类制作了调研问卷，选取 100 名游客在网上完成问卷调研，并将调研获取的结果进行归纳和整理，进一步详细阐述游客行为偏好内容，具体如下：

社交行为偏好表现为游客与他人交际、分享的交流实践，游客通过交流实践可以在大型邮轮中庭内获得温暖与照料、归属感与关爱。大型邮轮中庭给游客提供了社会交往的机会，发挥了游客行为偏好的作用，游客个体或群体可以分享邮轮旅游的喜悦，满足了游客社交行为偏好中个体被尊重的需求。

购物行为偏好表现为游客对中庭内售卖的商品做出的消费实践，是游客围绕着商品所发生的一切与个人消费相关的行为。游客购物行为偏好包括从游客购买动机的形成到实际行为的出现直至消费后所产生的一切生理活动、心理活动及外部实践活动。游客购物行为偏好还会受到商品种类、购买力、需要量、保质期、价格等因素的影响。由于邮轮本身就具有商业属性，赚取利润也是船东的目标，因此引导游客购物行为偏好的形成也保证了邮轮能满足自身商业运营的需要。

观赏行为偏好表现为游客对中庭内装饰设计、景观配置的游览观光，例如中庭内的装饰画、景观梯道、绿植等。游客观赏行为包括游客从进入中庭开始到出中庭后的观光行为及欣赏点评。游客在中庭内的观赏行为偏好可达到陶冶情操、开阔视野、享受美学设计等多方面的目的。

娱乐行为偏好表现为游客对中庭内节目表演和互动的参与实践，例如船东在中庭内组织的百老汇节目、船长互动等可以进一步塑造游客的娱乐行为偏好。中庭内的活动不同于邮轮剧院的大型表演，中庭娱乐活动具有开放性、互动性、小型化、重交流等特点。游客的娱乐行为偏好可以免去长途旅行中的单调乏味，丰富游客在邮轮行进的过程中游玩的趣味。

休憩行为偏好表现为游客在中庭吧台内驻足休息的行为映射。游客在中庭内的休憩行为偏好是指在一定时间内暂停观光活动，使游客从心理上和生理上得到放松休息。休憩行为偏好可以消除或减轻游客的疲劳感，逐渐恢复游客精力。中庭吧台可以满足游客休憩行为偏好——游客围坐在吧台高脚椅上，完成短暂的休憩。吧台内销售的酒水也调动了游客的购物行为偏好。

第二节　游客行为偏好与中庭空间流线研究

流线的概念最初用于陆地建筑研究中，它指的是人们在某一陆地空间内的活动路径，是陆地空间功能合理性的外在表现。空间流线研究是从行为心理学角度了解游客在中庭的实践活动。行为心理学是由美国当代著名心理学家华生（John Broadus Watson）提出的，行为心理学研究流派为用户体验设计理论构建奠定了基础。行为心理学结合了社会学、自然学、人类学等多领域的理论，受到现代主义设计流派的推崇。行为心理学认为虽然游客在中庭内的活动轨迹是相对主观的，但是可以用客观的方式引导和控制游客个体的行为。船舶史研究中的大型邮轮中庭设计在一定程度上也承认给予空间流线设计，游客就会按照特定的活动路径和行为方式在中庭内活动（图 5-1）。

空间流线作为空间设计中的重要部分，怎样提高空间利用率，将流线设计合理，是设计师在空间规划时需要思考的问题。在空间流线的设计中，首先要保障空间内各条流线之间的通畅性和合理性，避免流线的无序和混乱。中庭空间流线设计的目的是引导游客在中庭空间内的行为。游客从大型邮轮不同空间汇聚中庭空间，再分散到餐饮类休憩区域、观赏类休闲区域和商业类活动区域，游客的目的地不一样，各自流线走向自然就不一样。中庭空间流线会影响游客对于中庭空间的整体感受，设计不合理会导致中庭内交通混乱。当游客首次身处中庭环境内，内心会感到迷茫和不熟悉，中庭空间流线可以帮助游客明确方向、辨别空间位置。根据游客行为来确定中庭活动路线，可以增加游客在多维度中对中庭空间内的认知度，让游客有更清晰的方向感。

游客在中庭内的活动都会受到自身行为偏好的影响。游客不仅受到感官因素的作用，而且在中庭及功能空间外部环境的刺激下，经过游客自身思维和行为图式对整体信息的整合，进而促进游客行为的变化。中庭空间流线对游客的引导作用就是运用中庭空间流线的"动态效果"，无论是中庭内的空间形态还是外在的氛围，吸引游客的关注，引导游客进入中庭再分散到相应的功能空间。反之，游客行为偏好侧重点的不同也会影响到中庭空间流线设计。

因此，通过对游客行为偏好的分析，设计者借助具有延伸感和吸引力的空间形态来塑造中庭空间流线是很重要的。在大型邮轮中庭空间内，通常采用三种策略来设计中庭空间流线。一是利用中庭内的地毯材质、灯光、色彩等对中庭顶面、墙面及地面等界面进行再处理，营造出具有引导或暗示作用的视觉元素，为游客指示方向；二是利用带有动势的空间隔断或曲线流动的舱室墙面，依据游客行为偏好来引导游客在中庭空间内的流线行为，达到中庭空间流线设计的目的；三是合理布局中庭空间与餐饮类休憩区域、观赏类休闲空间和商业类活动空间之间的关系，进行空间的排列与分割。在中庭布局时，设计者应根据中庭和每个功能空间之间的关系、舱室形态特点、游客行为偏好等内容，设计出合理并且具有引导性的中庭空间流线。

一、游客行为偏好与中庭空间流线的关系

游客行为偏好具有一定的稳定性，它来自于游客陆地的活动经验，内化于游客的身体之中。一方面中庭空间流线对游客行为有着制约作用，另一方面游客行为偏好影响中庭空间流线的布置。可见，在大型邮轮中庭空间内，游客行为偏好和中庭空间流线之间存在"本体论的对应关系"，即中庭空间流线影响着游客行为偏好，而游客行为偏好成了中庭空间流线设计的重要参考依据。因此，游客在中庭内的行为偏好与中庭空间流线应是"吻合的关系"，若中庭空间满足了游客行为偏好的需求，游客则会感到轻松自如，能够在中庭空间获得舒适的体验。由于游客在中庭内的行为偏好具有

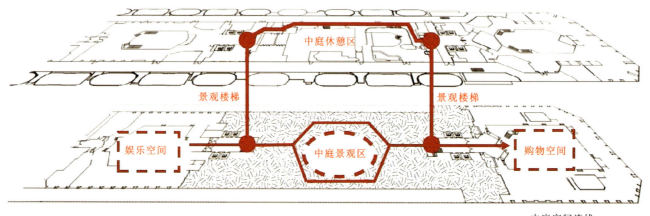

图 5-1　大型邮轮中庭空间流线

不同的类型，如果中庭空间流线形塑的社交行为偏好、娱乐行为偏好不能涵盖游客的需求，则会产生诸多"不合拍"现象。中庭空间流线与游客行为偏好之间是通过"实践"为中介建构的，游客行为偏好既受外在空间流线的影响，也会受内在理性的引导。游客行为偏好下的性情倾向系统是在实践中获得并发挥作用的，故而游客行为偏好和中庭空间不是简单的决定和被决定的关系。因此，游客行为偏好与中庭空间的关系可以归纳为制约关系、互构关系、契合关系（图5-2）。

1. 制约关系

大型邮轮中庭空间流线制约着游客行为偏好。行为偏好是属于个人的心智系统，是一种深沉结构，它影响着个人的分类认知图式。处于同一中庭空间环境的游客，在同一境域下，选择的可能是不同的实践策略，游客的行为流线和关注点会不同。这里除了游客掌握的社会资本不同外，也会受到中庭空间流线的制约。例如，游客娱乐行为偏好会因为中庭空间观赏类休闲区域流线设置不合理，从而失去相应的体验感。当游客行为偏好适应了他们所涉入的中庭空间流线时，游客在陆地的实践经验就将引导他们熟练地应付周围环境。游客行为偏好受到中庭空间流线影响，甚至游客自己也没有意识到，但在游客的话语和行为中能够体现出中庭空间流线对行为偏好的制约。

2. 互构关系

游客行为偏好有助于中庭空间流线的建构和价值体现，中庭空间流线对游客在中庭内的行为偏好具有引导作用。行为偏好既是个体主观的指导性原则，又是个体实际活动的管理系统。在中庭空间内，游客行为偏好一方面决定了中庭空间流线生成的情境，是指导游客在中庭进行各种实践的基础；另一方面，又是游客选择休闲、购物、娱乐、社交等行为的实践原则。同时，中庭空间流线会引导游客行为偏好的变化，游客进入中庭空间后，游客行为偏好就会与中庭流线"相互适应"，中庭空间流线也会塑造游客行为偏好，使游客在中庭内更放松和获得体验感。

3. 契合关系

游客行为偏好作为游客在陆地上沉积下来的意识结构，左右着游客的方向，属于"前结构"的行为模式，成为游客在中庭各种行为的铺垫。游客行为偏好对于游客在中庭的任何活动，都具有一定的指导意义。正是因为中庭空间流线对游客行为偏好的影响，使游客主观经验客观化，也使游客主体将应对措施内化于自己的思维深层结构之中。当游客行为偏好遇到适宜的中庭空间流线时，游客则有一种"如鱼得水"的感觉，游客就能用"合乎情理"的策略来处理问题。在这种情形下，中庭空间流线和游客行为偏好达到契合的状态，游客在中庭内的实践活动就是一种舒适的体验，游客行为偏好也与中庭空间流线相适应。

可见，大型邮轮中庭空间流线与游客的契合度越高，则游客在中庭内获得的舒适体验感越强。但是，当中庭空间流线与游客行为偏好不契合时，即游客行为偏好遭遇陌生情境时，游客依然会无意识地按照自身的行为偏好解读中庭空间流线，也会出现社交、购物、娱乐、休闲等行为策略，使得游客的言行表现得不合时宜。不契合的状态有两种：一种是历时态不契合，即时过境迁，游客行为偏好没有变化，而海洋上不断出现新的大型邮轮，其中庭空间流线也发生了变

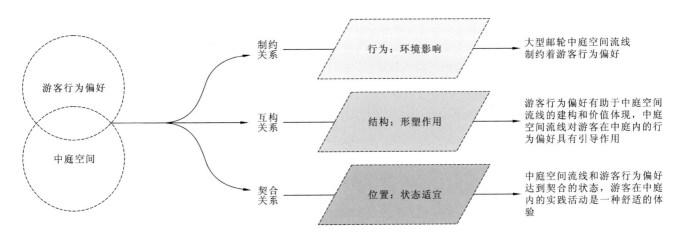

图 5-2　游客行为偏好与中庭空间流线的关系

化，游客还是用旧的行为偏好去应对新的中庭空间流线，并作出相应的策略。另一种是共时态不契合，即用一种行为偏好去解读另一种中庭空间流线，如部分游客刚从中庭空间商业类活动区域进入吧台区时，一开始会不自觉地用消费行为偏好作为行为策略。

二、游客行为偏好引导中庭空间流线布置

游客行为偏好是游客在长期性、历史性和经常性的陆地生活过程中所积累的实际经验的结晶，同时又是在邮轮的实际活动中，时时呈现并不断变化的秉性、行为、思想情感的总和。所以，游客在中庭内的行为流线会表现出过往的意识和现在的行为偏好相互联系又相互穿插的特点。游客行为偏好引导着游客行为流线的产生和变化，行为流线是游客行为偏好的外显形式。要探究中庭空间流线的变化，就需要从游客行为流线成因入手，深层次地挖掘游客中庭行为背后的影响因素，以期让中庭空间流线设计更符合游客的需求。

游客的社会性决定了游客之间要进行感情、思想和信息的沟通，这种社交行为大多是在大型邮轮的公共空间内进行的。中庭空间是大型邮轮最大的公共空间，游客集中于此，中庭空间除了给他们提供娱乐、购物功能外，还要满足游客交流、休憩、信息共享的需求。在中庭空间内，不同等级的游客彼此之间可以分享邮轮旅游体验，参与邮轮集体派对活动。这种集体性活动往往可以促使游客更好地融入邮轮环境。

在大型邮轮中庭空间内，游客社交行为偏好、购物行为偏好、观赏行为偏好、娱乐行为偏好、休憩行为偏好起到了主导空间流线建构的作用，成为推动中庭空间流线形成的重要动力。游客行为偏好是一种结构形塑机制，趋向于游客在邮轮内的实践功能，生成各种"符合常识"和"合理"的行为。行为偏好之所以发挥作用，是因为它潜在于人们的意识中，且不以人们的意志转移。游客行为偏好同样作用于游客意识，不会被游客所发觉，但会指导游客在中庭内的行为活动。游客行为偏好之所以能具有持久的效力，是因为这五种行为偏好在游客的语言和意识运作之前发生效力。根据用户体验设计理论可知，行为偏好超出了人们意志控制的范围，具有特定的生成能力。游客行为偏好能完全自由地生成游客在中庭内的行为、语言、感知，这些因素总是受限于游

客行为偏好所处的邮轮条件。游客行为偏好具有的生成能力直接形成了游客在中庭内的各种行为，引导着中庭空间流线的产生及优化。

首先，大型邮轮中庭空间流线体现了游客社交行为偏好、购物行为偏好、观赏行为偏好、娱乐行为偏好、休憩行为偏好。本节旨在通过个体活动概念从客观结构的内在化和个体性情倾向生成的差异性、具体性的行为来阐述空间流线布局，也就是说，从游客主观和客观两个方向的合力来分析中庭空间流线设计的原动力。中庭空间流线有着主次之分，主行为流线是多数游客行为偏好的外在表现，次行为流线是单个游客行为偏好的外在表现。

其次，个体行为偏好是多样化的，存在着一定的社会分层。当然，游客行为偏好也具有多样性，即存在个体的行为偏好，不同的行为偏好引导出不同的游客行为流线。例如，在大型邮轮中庭空间内，部分游客喜欢开放式购物环境，部分游客喜欢停留观赏中庭艺术布置，而另一些游客则喜欢在吧台畅饮小憩，不同性情倾向的游客表现出不同的行为流线特征。中庭空间流线的多样性体现出中庭内的游客无一例外地受到行为偏好力量的影响，但影响程度和方向则是不同的。因此，在游客实践过程中，适宜的中庭空间流线设计是将外在中庭物理环境内在化和行为偏好结构外在化的双向过程。

另外，用户体验设计理论将行为偏好概述为一种倾向的系统，行为偏好包括性情倾向和结构两个核心要素。性情倾向系统基于人们的社会化活动实现社会结构的内化，它更像是一种存在方式，描述人们习惯的状态，特别是爱好、嗜好和秉性倾向。游客行为偏好也是一种性情倾向系统，它首先表达的是游客行为的结果，与实践的意义相近。具体而言，在大型邮轮内，中庭的客观因素，即大型邮轮中庭的存在条件，包括物理属性、文化属性、艺术属性等，通过游客的性情倾向系统，内化为游客相应的实践，游客性情倾向系统产生的实践就是游客在中庭内的行为表现。行为偏好对游客个人而言，发挥着"产生与组织行为流线的原理"作用。游客行为偏好带来的性情倾向使游客偏向于根据他们的过去经验选择最喜欢的行为方式。因此，游客行为偏好是合理制定中庭空间流线的直接原因。同时，游客行为偏好是一种非形式化、内在的要素，而非意识层次的，游客受到行为偏好引

导进行中庭内的活动是潜意识的。可见，游客行为偏好会影响大型邮轮中庭空间流线布置，设计师要基于对游客行为偏好来布置空间流线。

三、游客行为偏好对中庭空间流线设计的影响

游客行为偏好的类型决定着中庭空间流线的结构，而游客行为偏好特征是中庭空间流线设计的重要参考依据。从根本上看，游客行为偏好是影响中庭空间流线设计的深层次因素，用户体验设计理论为船舶设计师规划中庭空间流线提供了一个很好的理论视角。

基于前文的分析可知，游客行为偏好是一种结构形塑机制，总是趋向于游客实践活动，趋向于生成各种"符合常理"和"合理"的行为。运用用户体验设计理论作为分析工具，对游客行为流线生成逻辑进行研究，并以此研究为基础，探究游客行为偏好与中庭空间流线的联系，助力中庭空间流线的合理规划。游客行为偏好发挥着主导中庭空间流线设计的作用，中庭空间流线设计也受到游客行为偏好的影响。可见，从游客行为偏好视角出发，可以助力中庭空间流线研究。具体地说，游客行为偏好对大型邮轮中庭空间流线的影响主要体现在以下三个方面：

一是游客行为偏好类型影响中庭空间流线设计。游客行为偏好类型不同，就会使游客在中庭空间实践中产生不同的体会、感觉及认知，从而导致游客采取不同的实践策略，即行为偏好使游客可以"即兴"产生不同行为以应付中庭内多种多样的情境。游客行为偏好驱动下的行为流线直接影响

了中庭空间流线设计，不同游客行为偏好类型对中庭空间流线的要求也存在差异（图5-3）。

社交行为偏好注重游客的社会性需求，强调游客社会交往及被尊重的需要。因此，中庭空间流线组织多为分散式布局，主流线宽度与船体宽度相契合，以增加通行效率，塑造顺畅的交通流线及疏散通道，避免因游客短时间的停留社交造成拥堵情况。观赏行为偏好和娱乐行为偏好注重游客精神层面的需求，包括对新鲜事物的追求、对艺术与美好事物的追求。从这方面看，中庭空间主流线通常被设计成围绕中心的弧形布局，便于游客观赏景观和观看中庭娱乐活动。购物行为偏好注重游客的消费需求，不断追求消费内容和消费质量。因此，中庭空间流线多为串联式布局，可以借助中庭空间主流线串联起开放式购物空间，既满足了游客购物行为偏好，又体现了邮轮商业价值。休憩行为偏好注重游客的生理需求，如游览活动后身体层面的休息。在此背景下，中庭空间多为放射形布局，便于茶吧、休息座椅、开放式咖啡厅的设置，在增加中庭休憩设施的基础上，满足了顺畅的交通通行。

二是游客行为偏好是中庭空间流线设计的重要参考依据。中庭空间流线的作用主要是优化游客中庭体验和合理进行功能分区。从游客视角入手，游客的不同行为流线就是行为偏好在个人活动中的表现，游客行为偏好作为结构化系统，构成了游客行为的内在因素，于是游客在行为偏好指引下，有意无意地开展了一系列的实践活动。可见，中庭空间流是对游客行为偏好的映射。这是一种洞悉用户需求的设计

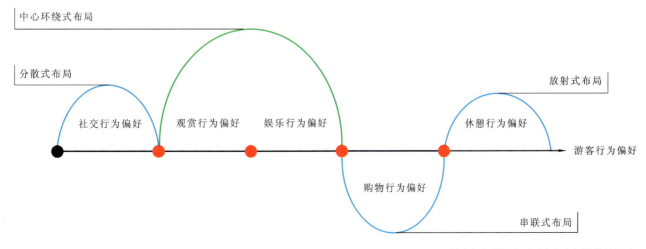

图5-3　游客行为偏好类型对中庭空间流线的影响

方法，立足于中庭空间环境，分析游客行为偏好特征、类型，能够客观地理解中庭空间流线设计路径。最终的流线样态可以中庭空间功能区域为载体，侧重游客某种类型的行为偏好，以呈现更好的游客体验。

三是游客行为偏好是中庭空间流线优化的方向。游客行为偏好内化于游客的精神和禀性之中，外化于游客的态度、行为、能力之中，在游客的中庭空间实践过程中发挥作用。中庭空间流线设计一方面是对功能区域的合理划分，另一方面是力求给游客提供更好的体验。从游客行为偏好入手，就是从用户体验视角优化中庭空间流线。因为游客行为偏好既是游客的内在主观精神状态，又是外化的客观行为，这是一种将游客主观感受转化为外在行为的过程。而中庭空间流线优化正是不断地与游客行为相匹配，为游客带来更好的体验。所以，对游客行为偏好的研究，有助于明晰中庭空间流线优化方向，为中庭空间流线优化奠定基础。

第三节　基于游客行为偏好的中庭空间流线设计

一、中庭空间流线组织类型

中庭空间流线是大型邮轮流线组织中重要的流线之一，指的是为引导游客在中庭规划的一系列行为路径，其本质是对中庭所承载的功能结构的叙事性描述。从前文的分析得知，中庭空间流线之所以重要，不只是因为流线的制定反映了中庭空间内不同行为偏好的游客的性情倾向，更因为中庭空间流线会直接影响整个中庭设计，以及中庭与大型邮轮公共空间的内在联系。中庭内的游客行为偏好状况及其走向，决定了中庭空间场域内文化资本、经济资本、文化资本转换的方向，影响中庭空间流线布置及设计逻辑。因此，本节将基于游客行为偏好来探究中庭空间流线的类型。以游客在中庭内的五种行为偏好为基础，即社交行为偏好、购物行为偏好、观赏行为偏好、娱乐行为偏好、休憩行为偏好，结合大型邮轮总布置要求，将中庭空间流线组织类型归纳为双重串联式、双重放射式、树状综合式、核心分散及汇合式。

1. 双重串联式中庭空间流线

双重串联式中庭空间流线是将两种串联式流线结合，这两种流线分别是满足游客购物行为偏好需求的流线和满

足游客在中庭内通行需求的流线。双重串联式中庭空间流线以锯齿状流线为代表，在中庭内的入口和出口节点间串联更多的空间。双重串联式流线在中庭内会创造出节点空间，这些节点空间可以根据大型邮轮的运营要求安排一定的娱乐空间和休憩空间（图5-4）。

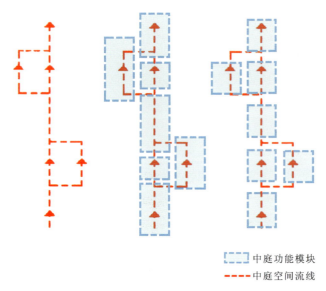

▭▭▭ 中庭功能模块
----- 中庭空间流线

图 5-4　双重串联式中庭空间流线类型

根据双重串联式中庭空间流线的组织形式，可以在中庭内产生两种空间模式，分别是中庭错廊空间和中庭通廊空间。在中庭错廊空间模式下，侧边设置的开放式购物空间对中间主流线影响不大，同时可以满足游客购物行为偏好的需求，还可以在侧边设置休闲娱乐空间，以实现复合功能与中庭空间流线的结合。在中庭通廊空间模式下，侧边的串联式流线对中间主流线影响较大，高峰期容易在两个串联式空间节点处出现拥挤现象（图5-5）。中庭采用双重串联式流线不仅能有效发挥中庭空间的交通功能，还增加了邮轮商业空间，以设计驱动体验和经济。

2. 双重放射式中庭空间流线

双重放射式中庭空间流线是指两个同心的放射流线嵌套在一起，基于放射式的形式相互联系，游客可以围绕中庭内层和外层的流线进入中庭。双重放射式中庭空间流线以中庭核心区域为圆点，内层和外层环线可进行艺术装饰和景观设计，游客进入中庭可根据兴趣欣赏中庭装饰设计。与双重串联式中庭空间流线一样，在内外层的节点空间可以设置吧台和卡座供游客休憩。双重放射式中庭空间流线主要侧重游客观赏行为偏好，次要侧重游客休憩和社交行为偏好，共有

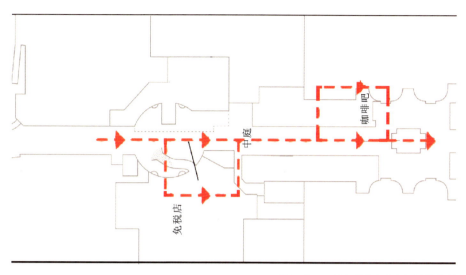

图 5-5 双重串联式中庭空间流线图例

三种空间组合形式（图 5-6）。

采用双重放射式流线的中庭，其中心通常直接与外层环线连接，内层环线与外层环线交叉在中庭出入口外。在双重放射式中庭空间流线下，可以很大程度提升游客的观赏满足感。围绕着内层环线，可以设置环形吧台，为游客提供酒水服务，游客可以在内层环线停留休憩，满足他们的休憩行为偏好（图 5-7）。例如，歌诗达威尼斯号中庭就采用了双重放射式流线布局，内层环线设置了开放式吧台，外层环线布置了具有意大利风情的艺术品和景观，兼具欣赏和休憩两种功能。双重放射式流线布局的内层和外层环线会出现节点空间，中庭内导视系统要很清晰，否则首次进入中庭的游客容易迷失方向。

3. 树状综合式中庭空间流线

树状综合式中庭空间流线是指中庭流线以中庭景观区为树干，向上发展并分散到各个卡座休憩区的流线设计方式。树状综合式中庭空间流线采用并联方式，以中庭景观区为树干，两边并联式分布卡座，供游客看书、品茶聊天、网上冲浪等（图 5-8）。这种中庭空间流线主要侧重游客休憩行为偏好，次要侧重游客社交行为偏好。

由于大型邮轮空间的局限性，中庭作为大型邮轮最大的公共空间，肩负着交通、休闲、社交等功能。树状综合式中庭空间流线的优点在于，以中庭景观区为核心，两侧设置开放式游客休憩区域，为游客提供驻足休憩和社交的需求（图 5-9）。这种方式与游客休憩行为偏好和社交行为偏好相匹配，满足了游客休闲放松的需求，游客在中庭内通过这些休憩方式达到缓解压力、调节心灵体验和增进交流的目的。例如，嘉年华感知号中庭采用典型的树状综合式流线设计，中庭景观区域布置了欧式古典主义装饰和景观绿植，景观区域到达休憩区的路线呈现树状结构，按照并联式排列。在嘉年华邮轮用户调研中显示，多数游客认为感知号邮轮中庭满足了休憩和社交需求，缓解了游客压力，营造了舒适和雅致感。

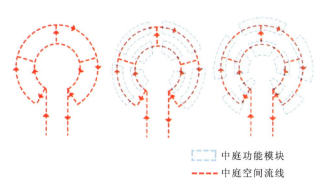

中庭功能模块
中庭空间流线

图 5-6 双重放射式中庭空间流线类型

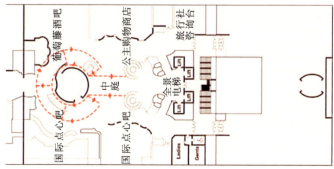

图 5-7 双重放射式中庭空间流线图例

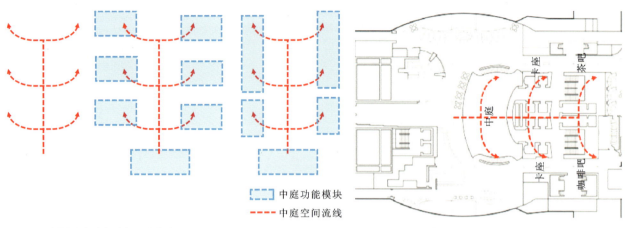

图 5-8　树状综合式中庭空间流线类型

图 5-9　树状综合式中庭空间流线图例

4. 核心分散式中庭空间流线

核心分散式中庭空间流线是将中庭核心区域分散，在大型邮轮内采用主次中庭。核心分散式中庭空间流线主要侧重游客的社交行为偏好，次要侧重游客的购物行为偏好和娱乐行为偏好。核心分散式中庭空间流线的优点在于，把中庭进行了分布式布置，有多个主核心和次核心中庭，增加了中庭的面积。多个核心的中庭提高了游客的集散频率，促进了游客之间的社交活动（图 5-10）。

在大型邮轮内，多个核心中庭兼具了交通和社交功能，在低层甲板区域分布式排列。游客可以在购物、娱乐、饮食后停留在附近中庭小憩，凸显了中庭作为公共空间的共享属性。受到大型邮轮空间尺度的限制，次核心中庭面积通常较小（图 5-11）。主核心中庭景观楼梯和梯道环围可供游客驻足交流等，景观楼梯下方有开放式购物区域，从另一方面满足游客购物行为偏好。

5. 汇合式中庭空间流线

汇合式中庭空间流线是指将娱乐流线与购物流线部分交叉汇合，其各有完整的流线组织以及独立的出入口（图 5-12）。汇合式中庭空间流线主要侧重游客的娱乐行为偏好，次要侧重游客的观赏行为偏好和购物行为偏好。

汇合式中庭空间流线基于贯穿式中庭布局，位于邮轮第 3 层至第 5 层甲板，以景观楼梯为核心，镂空设计，将景观楼梯视为一个重要的观景平台。在中庭内举行娱乐活动时，邮轮娱乐部的演员从楼梯台徐徐下场到中庭舞台区域，成为游客瞩目的焦点（图 5-13）。从流线上看，将楼梯设计成围绕中庭中心的弧形，便于游客欣赏中庭内的娱乐活动。在中庭举办娱乐活动时，通过贯穿式布局，汇合式中庭空间流线满足了游客娱乐行为偏好。当娱乐活动结束，购物流线会和娱乐流线汇合，第 4 层或第 5 层甲板开放式购物区域游客会增多，游客可以选择驻足或者购买商品，满足了游客观赏行为偏好和购物行为偏好。

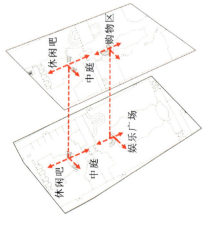

图 5-10　核心分散式中庭空间流线类型

图 5-11　核心分散式中庭空间流线图例

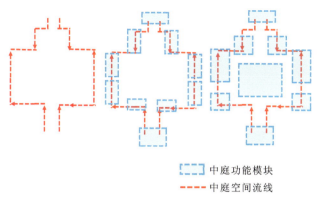

中庭功能模块
中庭空间流线

图 5-12　汇合式中庭空间流线类型

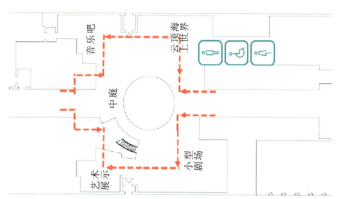

图 5-13　汇合式中庭空间流线图例

二、中庭空间流线设计原则

这五种中庭空间流线的基本要求都是清晰明确、避免多重交叉、满足相应游客的行为偏好，并且具有一定的引导性。本书以现役大型邮轮为对象，基于游客行为偏好，对中庭空间流线设计展开分析，通过从"人与物"关系的视角进行深入分析，将中庭空间流线设计原则归纳为以下几个方面。

1. 中庭空间流线的主次设计原则

大型邮轮中庭功能范围不断扩展已成为趋势。随着对游客行为偏好分析的深入，中庭逐渐从单一的公共空间向复合式公共空间转变。面对多样化的功能，要梳理清楚中庭空间流线之间的关系，应首先区分流线的主次顺序。

中庭空间流线应体现主次关系。联系大型邮轮的主要功能空间，且游客量相对集中的主要流线是中庭空间流线系统的重点，游客量相对分散的辅助流线则成为次要流线。中庭空间主流线应导向明确、清晰流畅，满足所侧重的游客行为偏好，此外还需要塑造中庭空间的艺术效果和邮轮的精神内涵。例如，双重串联式中庭空间流线主要侧重游客的购物行为偏好，次要侧重游客观赏行为偏好和娱乐行为偏好。中庭空间次流线应适当隐藏、线短高效，使其他游客行为偏好得到呼应即可，并最终与中庭空间主流线汇合。通常，中庭空间次要流线只是在中庭出入口上与主要流线分离，流线自身并不构成完整的系统，只是中庭空间主流线的支流。

中庭空间流线的主次设计原则可细分为两个细则：

一是提高中庭空间主流线的导向性。导向性决定了引导游客行为偏好的类型，引出流线流动的方向。中庭空间流线导向性设计是建立在大型邮轮空间规划基础之上的，它运用导视系统及视觉传达等方法对游客的行为加以引导。中庭空间的活动随着时间推移和航线主题的不同，存在一定的差异，这种导向性的目的在于功能吸引及信息推广。从前文的分析可知，不同的流线类型所侧重的游客行为偏好不一样，中庭空间流线的导向性是为了更好地引导游客行为偏好，使游客获得良好的中庭活动体验。具体来看，中庭空间可以通过空间形态、轴线、导视牌三个方面提高中庭主流线的导向性。

二是提高中庭空间流线的可达性。中庭空间流线最基本的作用就是基于游客行为偏好，组织空间的秩序，使中庭空间的主题景观和复合功能有序地连接起来。因此对于功能日趋复杂的大型邮轮中庭而言，流线组织必须提高可达性。对于初次进入中庭的游客和多次到访中庭的游客，他们的流线选择也会不同，来过多次的游客对中庭空间有一定了解，往往会直接根据自身行为偏好选择想去的空间。对于大部分中庭来说，适量地增加次要流线会提高中庭空间流线可达性的效率，但是给予游客过多的选择就会失去引导的意义。因此，设计师要把握中庭空间流线的可达性。

2. 中庭空间流线的可选择性设计原则

大型邮轮中庭空间越来越重视提高游客活动的自主性。空间流线可选择性地提高也成为中庭发展的一种趋势。根据游客行为偏好特点，可选择性设计原则具体可分为两个方面：

一是提高流线的开放性。中庭空间流线的开放性是指在游客行为偏好多样化背景下，中庭空间除了需要侧重游客主要行为偏好，往往还需要考虑与购物消费流线、休闲娱乐流线、观赏流线及其他流线结合。此外，中庭空间流线还应与大型邮轮公共空间流线结合。为了适应游客行为偏好多样化的发展趋势，中庭空间需要协调好游客社交行为偏好、购物行为偏好、观赏行为偏好、娱乐行为偏好、休憩行为偏好之间的关系。大型邮轮中庭内的流线在更加开放的同时，也应向大型邮轮其他公共空间延伸，游客可以在中庭空间与邮轮其他公共空间内穿行。在大型邮轮内，中庭空间流线与其他公共空间流线共同组成一个整体。开放的中庭空间流线可以更好地满足游客行为偏好需求，并提高中庭空间的商业价值。

二是较好的视线可达性。中庭空间需要具有良好的视线可达性，游客可以看到主流线和次流线。中庭空间内的功能区域不再被分隔开，而是相互连接在一起，提高空间的利用率。良好的视线可达性能使游客在中庭空间复杂的流线组织中找到目标方向，提高了游客的可选择性。良好的视线可达性不仅满足了游客依据自身行为偏好快速定位流线的目的，还增加了中庭空间的层次。此外，利用走道、景观楼梯、错层空间或柔性的分隔方式，提高游客的视线可达性的同时，还提高了中庭空间的趣味性。

3. 中庭空间流线的变化性设计原则

对于大型邮轮中庭这类高密度空间而言，中庭空间流线的长度应控制在适度范围内，对游客适当地给予引导，控制游客进入中庭的节奏。例如，在中庭空间流线的间断处设置游客休憩区域，形成有层次的、满足游客休憩行为偏好需求的动线，既控制了中庭空间流线的节奏，又给游客创造了舒适的中庭空间体验。另外，考虑到游客类型众多，游客行为偏好也存在差异，在大型邮轮公共空间允许的情况下也可以设置双重主流线。可供具有购物行为偏好、观赏行为偏好、娱乐行为偏好的游客进入主流线，供具有社交行为偏好、休憩行为偏好的游客进入次流线。这样可以方便不同行为偏好的游客都获得较好的中庭活动体验。

此外，景观在中庭空间流线设计时可起到联系、分割不同流线，同时满足游客观赏行为偏好的需求。景观装饰在大型邮轮中庭流线组织中越来越受到重视，也是设计中容易被忽视的部分。景观不能独立于中庭空间流线，应结合中庭空间流线形成统一的组织，否则会影响游客体验，具体有以下三个方面：

一是景观与中庭空间入口流线结合。中庭入口包括中庭内外的空间，通常将喷泉、绿植、雕塑、水庭设置在中庭入口处，设置时有明确的引导性，中庭入口的景观可以强化中庭入口流线，引导游客进入中庭。同时，中庭入口处的景观环境在一定程度上可以激发游客的观赏行为偏好。此外，景观的穿插设置，还可以提升中庭的空间品质。营造景观效果时需要注意与大型邮轮主题及定位相符合，保持整体性和一致性。

二是景观与中庭空间主流线的结合。中庭空间主流线内穿插景观装饰可以缓解游客游览的疲惫感，激发游客的观赏行为偏好。可以通过穿插中庭空间或"借景"的方法将中庭外部的景观引入中庭空间主流线内。景观装饰在中庭空间主流线上的有效应用可以优化流线，同时又将优美的景观装饰引入主流线中，丰富了游客在中庭空间的游览体验。

三是景观与中庭休憩空间的结合。为了满足游客在中庭空间内的休憩行为偏好和社交行为偏好，中庭空间休憩区域的设置以舒适、愉快、轻松为目的。景观在中庭空间休憩区域的布置，可以营造良好的景观环境氛围。大型邮轮海上巡航时，游客面对的是一望无际的大海，中庭空间休憩区域的绿植和水池可以缓解游客在陌生环境的不适感。在中庭空间内设置休息座椅、咖啡吧等就是为了满足游客休憩行为偏好和社交行为偏好，让游客在一个轻松的环境休憩和社交。根据 2019 年嘉年华邮轮发布的《邮轮游客行为研究报告》显示，游客希望在中庭空间休憩区域设置景观，以感知到自然的美与艺术的美。从游客行为偏好角度看，休憩区的景观可以满足游客观赏行为偏好和休憩行为偏好，使游客在中庭休憩区获得更好的视觉感受，缓解旅行中的疲劳。

三、中庭空间流线设计策略

大型邮轮中庭空间流线设计策略可归纳为三个方面，分别是中庭空间流线的弹性化利用策略、中庭空间流线节点的控制策略、中庭空间与大型邮轮公共空间流线的共享策略。

1. 中庭空间流线的弹性化利用策略

大型邮轮中庭空间流线的弹性化利用需求，源于游客在中庭空间中活动的方式变化及游客行为偏好的差异。五种中庭空间流线类型对游客行为偏好的侧重都不一样。此外，因为现役大型邮轮中庭由单一功能空间向复合功能空间发展，游客的社交行为偏好、购物行为偏好、观赏行为偏好、娱乐行为偏好、休憩行为偏好需要相应的流线组织才能满足。不同中庭空间流线类型对应的游客行为偏好都不一样，使得流线的弹性化利用十分重要。

在大型邮轮中庭空间设计中，可以使用不同设施分割及延长空间流线。中庭空间流线可以借助物理隔断和空间重组等方法使得流线有一定的变化。通过灵活的空间流线组织将中庭空间根据游客的行为偏好来划分，从而实现符合游客行为偏好的空间流线布置。双重串联式和双重放射式中庭空间流线虽然灵活性不如核心分散式，但是仍然可以通过在中庭空间设置景观、水庭、休憩区等引导和组织游客。例如，嘉年华凯旋号中庭空间虽然是双重串联式空间流线，但是借助景观绿植区和休憩区，可以根据不同航区游客行为偏好进行灵活组装，以达到不同的视觉效果，这些辅助性物件使得中庭空间流线更加具有丰富多样性。

2. 中庭空间流线节点的控制策略

中庭空间流线是中庭空间设计的重要组成部分，而游客行为偏好又决定了中庭空间流线类型。中庭空间流线节点没有方向和速度，但与流线结合不仅具有导视作用，还影响了游客通行速度，产生了节奏和韵律。相比于双重放射式、树状综合式、核心分散式流线，双重串联式和汇合式中庭流线节点多，侧重满足游客的购物行为偏好和娱乐行为偏好。但这两种流线类型容易造成短时间内游客流量大，出现拥堵情况，而增加节点恰好起到分流和引导的作用。节点控制着中庭空间游客流动的节奏和韵律，在不同流线类型中节点设置数量不一样，依据游客行为偏好特征和流动性在人流密集处设置节点尤为重要。

此外，中庭空间流线节点数量不能过多，树状综合式中庭空间流线之间的交叉与组合是常见的，这种情况也会产生流线节点。在中庭设置大量的节点会使中庭变得复杂，反而失去了引导作用。即便在双重串联式和汇合式中庭流线节点较多的组织中，节点的设置距离也是可以控制的。此外，当中庭空间主流线节点同时分出多条次流线时，应配合导识系统引导游客分流。

3. 中庭空间与大型邮轮公共空间流线的共享策略

中庭在大型邮轮内不是一个孤立的空间，游客的行为活动也不仅局限于中庭内部，中庭空间与大型邮轮其他公共空间的流线必然有交集。现如今，中庭空间已经不只是大型邮轮最大的综合活动空间，而是集商业功能、景观功能、观演功能、交通功能和休闲娱乐功能为一体的高密度复合功能空间。因此，在中庭空间设计过程中，将内外流线进行融合显得十分重要，这要求中庭空间流线与大型邮轮其他公共空间流线交融共享，共享策略有以下两种形式：

一是中庭空间流线作为大型邮轮其他公共空间流线的延伸与渗透。相较于陆地上的交通空间，大型邮轮的内部空间十分有限，邮轮内的走道和楼梯均通过计算，采用适宜的高度与宽度。在大型邮轮中庭空间设计过程中，任何装饰物、部件、特殊设备均不应影响紧急疏散的宽度和高度。中庭空间流线与其他公共空间流线相结合，使中庭空间流线以一种"开放的姿态"成为大型邮轮交通流线的一部分，增强中庭空间的疏散功能。

二是中庭空间流线为大型邮轮娱乐、购物、餐饮空间引流。大型邮轮中庭为游客的休闲娱乐提供了场所，不仅满足了游客娱乐行为偏好、购物行为偏好、休憩行为偏好，还获得了可观的经济效益。因此，中庭空间流线与大型邮轮娱乐、购物、餐饮空间流线的交融和共享，一方面引导游客参与休闲娱乐及购物活动，另一方面通过售卖增加船东收益。

四、中庭空间流线与总布置设计

大型邮轮中庭空间流线规划了游客在中庭内的活动路线，中庭空间流线与功能分区是紧密相连的。中庭空间流线是设计师规划的游客活动路线，带有引导性，不同于游客实际的流线行为，游客流线行为更具有主观性和随意性。中庭空间既是大型邮轮最大的公共空间，也是最大的交通空间，根据游客行为偏好规划中庭空间流线，可以达到简洁合理、明晰易达的目的，对大型邮轮总布置设计具有重要指导作用。

以中庭空间流线解读大型邮轮总布置设计，可以更好地解析中庭空间与大型邮轮的互构关系。在"直线型""曲线型""折线型"等功能总布置图例中，跳出仅仅以大型邮轮本体为总布置研究基点的框架，摆脱从装饰技法入手的大型邮轮设计的局限，更注重从中庭空间流线层面提升大型邮轮社交、娱乐、商业功能。基于游客行为偏好，对中庭空间流线组织类型、设计原则进行分析，将五种中庭空间流线组织类型归纳为三个方向，分别是引入式、向心式和混合式。下面从这三个方向探究中庭空间流线与大型邮轮功能总布置设计。

1. 引入式流线方向对大型邮轮功能总布置的影响

引入式流线方向多采用双重串联式中庭空间流线，特点是结合中庭中央大道和挑空走廊，依次串联大型邮轮多个功能空间。特点是适用于 13 万吨以下的大型邮轮，船体宽度不足以布置两边的房间，可以通过中庭中央大道和挑空走廊串联起特色餐厅、图书馆、展示厅、酒吧、免税店、咖啡厅和会议室等。引入式流线方向连接中庭空间和邮轮其他公共空间，重点满足游客娱乐行为偏好和观赏行为偏好。

引入式流线方向要求中庭空间与廊道相结合，一条廊道依次串联起多个功能空间，大型邮轮功能总布置图为"直线型"（图 5-14）。中庭空间设计与陆地商业空间步行街相似，又称为"街道式中庭"，其间穿插观赏类休闲区域、餐饮类休憩区域、商业类活动区域，与游客形成互动。中庭空间流线的引入式走向，具有较强的空间导向性，呈现出延伸态势，给游客一种心理暗示，诱发游客沿着中庭走廊走向另一端。这种"直线型"总布置可以轻松地引导游客的行为偏好，所以引入式流线方向总布置方案会具有引导性，突出了空间流线延伸的特性。

"直线型"总布置在大型邮轮中具有较强的流动性和导向性，能够呈现较为开阔的视线通廊，快速分散游客流量。"直线型"总布置依托中庭空间流线贯穿整个大型邮轮商业类活动区域，中庭空间流线以中央大道和挑空走廊串联了整艘邮轮的商业空间，增加了游客在商业区域的活动时间，侧

重了游客购物行为偏好。此外，经济资本是所有资本形式的基础，可以衍生出其他的资本形态，它能立即转换为商品，也可以转换成经济利益，经济资本的凸显让中庭赋予了大型邮轮新的商业价值。

"直线型"总布置会出现两个或多个中庭的结合，其中主中庭空间以 2~3 个为宜，次要中庭空间分布在主流线的中轴线上，要区分主中庭空间和次中庭空间特点，否则容易影响中庭空间通畅性。"直线型"总布置形成的整体空间较完整，中庭空间可以运用"主从法"合理配置，即通过次中庭空间对主中庭空间的烘托，达到主次中庭空间整体统一且对比鲜明的空间效果。

2. 向心式流线方向对大型邮轮功能总布置的影响

向心式流线方向多采用核心分散式、树状综合式中庭空间流线，使游客不断向邮轮中庭汇聚，形成一种凝聚力、向心力及稳定感的作用。船型特点是船体较大，宽度充足，中庭空间设置在低层甲板船中处，以中央大道和挑空走廊为中轴线，两侧并联。

向心式流线方向要求中庭空间与中央大道相结合，两侧多分布观赏类休闲区域和餐饮类休憩区域，可适当分布少量小型免税店，大型邮轮功能总布置为"折线型"（图 5-15）。这种功能总布置使中庭空间流线连接了大型邮轮中低层甲板内街空间，且中央大道上方采用挑空走廊，双层通道增加了中庭空间的通畅性。"折线型"总布置使得中庭两侧有序地排列着特色餐厅、咖啡厅、图书室、小型酒吧、游戏室、俱乐部等，对于行为偏好诉求明确的游客，能沿着中庭快速地找到餐饮和休闲空间；而对于无明确目标的游客，丰富的

图 5-14 大型邮轮"直线型"平面图

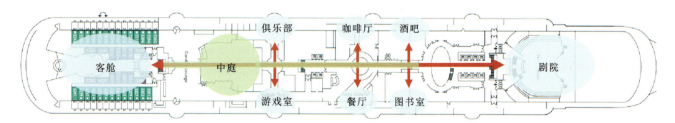

图 5-15 大型邮轮"折线型"平面图

娱乐和美食也能优化游客在大型邮轮里的体验。此外，在主中庭的休憩区域还可以设置雕塑、水景、茶座等休闲元素，满足了游客休憩行为偏好和观赏行为偏好，以缓解游客在大型邮轮上的疲惫感。

此外，这类功能总布置可以让文化资本、象征资本在中庭空间多个功能区域内进行有效转换，保证了大型邮轮中庭空间各个功能区域良性运转。当低层甲板区域采用并联式布局时，以中庭为中心，两侧分别并联了观赏类休闲区域及餐饮类休憩区域，文化资本、艺术资本和经济资本都会发挥作用。这几类资本形式在"折线型"总布置的节点处进行转换，丰富了中庭空间流线内容。

3. 混合式流线方向对大型邮轮平面图式的影响

混合式流线方向多采用双重放射式、汇合式中庭空间流线，通过次中庭空间的连桥、收放及穿插，引导游客做出线状连续运动轨迹，构建出一种纵深感强且变化丰富的空间形态，塑造空间的神秘感引导游客不断前行。混合式流线方向的特点是串联和并联混合，在低层甲板区域舱室船中或船

艉处布置中庭空间，两侧街道布置面积较小的功能空间，如免税店、咖啡厅、图书室。中庭这类大空间占据整个船宽，集合了公共空间和交通功能的双重属性，过往的游客都要经过此处进行中转。

在混合式流线方向背景下，主中庭通常位于低层甲板公共空间和功能空间连接节点的主动线上，大型邮轮功能总布置被设计为"曲线型"，通过曲线在次中庭空间引导游客进入娱乐、餐饮及商业空间（图5-16）。"曲线型"总布置最大的特点就是灵活、自由，但合理的设计也可以让中庭空间和邮轮公共空间具有逻辑性。在此背景下，"曲线型"总布置通常采用多核中庭布局，由一个或两个主中庭和一些向外辐射扩展的次中庭组合而成，具有较强的流动性，并给游客以神秘感，激发游客进一步探索舱室空间的兴趣。

此外，"曲线型"总布置不仅能把游客引入免税店、特色餐厅、咖啡厅等，还可以形成由功能元素和装饰元素组成的引导式中庭空间序列（图5-17）。因此，中庭空间流线更加灵活，可依据商业类活动区域、观赏类休闲区域及餐

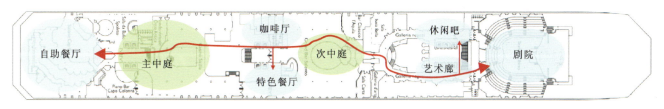

图5-16　大型邮轮"曲线型"平面图

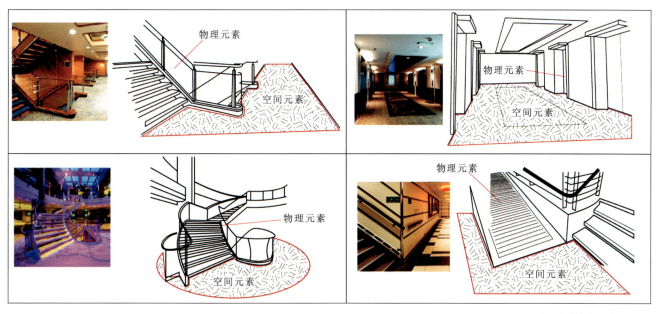

图5-17　引导式中庭空间序列

（图片来源：大型邮轮美学设计团队）

饮类休憩区域分布增加或减少次中庭空间的数量，在满足游客消费需求的同时，又提升了船东的经济效益。

第四节　本章小结

本章首先分析了游客行为偏好的概念，将游客行为偏好归纳为社交行为偏好、购物行为偏好、观赏行为偏好、娱乐行为偏好、休憩行为偏好。其次探究了游客行为偏好如何助力中庭空间流线研究，即游客行为偏好与中庭空间流线的关系、游客行为偏好引导中庭空间流线布置、游客行为偏好对中庭空间流线设计的影响。最后从游客行为偏好视角研究了中庭空间流线组织类型、设计原则、设计策略，再引出了中庭空间流线与总布置设计。

游客行为偏好是一种结构形塑机制，趋向于游客在邮轮内的实践，生成各种"符合常识"和"合理"的行为。游客行为偏好之所以能具有持久的效力，是因为行为偏好在游客的语言和意识运作之前发生效力。本书将游客行为偏好分为五种，即社交行为偏好、购物行为偏好、观赏行为偏好、娱乐行为偏好、休憩行为偏好，这五种行为偏好类型代表了游客在中庭内的五种性情倾向系统。游客行为偏好的类型决定了中庭空间流线布置，也是中庭空间流线设计的直接考量因素。

在大型邮轮中庭空间内，游客行为偏好起到了主导空间流线建构的作用，成为推动中庭空间流线形成的重要动力。游客行为偏好是中庭空间流线设计的重要参考依据，也是中庭空间流线优化的方向。此外，游客行为偏好与中庭空间的关系可以归纳为制约关系、互构关系、契合关系。游客行为偏好会引导着大型邮轮中庭空间流线布置，设计师要基于对游客行为偏好来布置中庭空间流线。

基于游客行为偏好对中庭空间流线设计的影响，本书探讨了中庭空间流线组织类型、设计原则、设计策略以及总布置设计。在游客五种行为偏好的基础上，结合大型邮轮功能布置特点，将中庭空间流线组织类型归纳为双重串联式、双重放射式、树状综合式、核心分散式及汇合式。这些中庭空间流线的基本要求都是清晰明确、避免多重交叉、满足相应游客行为偏好，并且具有一定的引导性。在此背景下，将中庭空间流线设计原则归纳为主次设计原则、可选择性设计原则、变化性设计原则。

此外，本书还提出了中庭空间流线的弹性化利用策略、中庭空间流线节点的控制策略、中庭空间与大型邮轮公共空间流线的共享策略。以中庭空间流线解读大型邮轮总布置设计，可以更好地解析中庭空间与大型邮轮的互构关系。最后，提出"直线型""曲线型""折线型"等功能总布置方案，跳出仅仅以大型邮轮本体为总布置研究基点的框架，摆脱从装饰技法入手的大型邮轮设计的局限，更注重从中庭空间流线层面提升大型邮轮社交、娱乐、商业功能。

大型邮轮中庭空间设计模型建构与应用

第一节　中庭空间设计模型的形成背景与建构过程

"建构"（architecture）从词面上分析是建筑构造，偏向于建筑学层面的解释，除了在建筑领域，在船舶工程、技术和设计领域，还有物质产品、计算机网络、大型邮轮系统等方面的建构。有学者提出模型建构的内涵是物理模块、交互模块、功能模块相互联系的系统图式。这里的交互模块指的是人与物之间的交互，功能模块指的是内部元素之间的关系。模型建构框架包含系统图式中各个模块对系统功能的作用，系统中的模块以及模块之间的关系组成了建构的基本框架。到了 21 世纪初，美国麻省理工学院系统设计委员会（MIT System Design Department Committee）把模型建构定义为系统之间和系统与人的联系，主要包括物理模块、功能模块、交互模块、意义模块，以分析对象中模块之间的关联、交互、集成等问题。

通过美国麻省理工学院系统设计委员会对模型建构的定义，大型邮轮中庭空间设计模型建构应包括物理建构——反映组成中庭实体因素的材料、形式、色彩因素之间的连接关系；功能建构——为满足中庭作为复合功能空间所需的布局形式、尺度比例、组合方式、连接要素；交互模块——具体反映为满足游客的使用需求目标而设计的中庭空间流线与游客的交互关系；意义模块——各类模块的特性以及模块之间的运行方式都是围绕中庭空间，从相对单一的功能空间转变成具有售卖、休闲、艺术展示等活动的复合功能空间。中庭空间设计模型的意义模块也是模型建构的一个重要环节。

本书从设计类模型建构理论出发，涵盖中庭空间环境设计、中庭空间规划设计、中庭空间流线设计流程，构建大型邮轮中庭空间设计模型。中庭空间设计模型是贯穿大型邮轮中庭设计流程各阶段设计任务的全链路模型，以三维框架的形式存在。围绕本书提出的物理模块（中庭物理属性）、功能模块（中庭布局与功能组合）、交互模块（中庭空间流线），再基于三种架构的意义层，构建了面向大型邮轮中庭空间的设计模型，并介绍了主要功能模块的内容。基于中庭空间设计模型，可以进行面向大型邮轮中庭空间设计并优化其复合功能，为大型邮轮设计人员提供参考。

一、中庭空间设计模型建构的基础

大型邮轮中庭空间设计是一个多设计工种相互合作的复杂程度高的设计过程，目前主流邮轮设计企业实施步骤一般为：市场定位、初步设计、概念设计、结构设计、总体设计、方案修正、设计建造等。如今大型邮轮中庭空间设计需要考虑的不仅是物理功能和船级社规范这两点，还需要把游客体验、空间关系、流线因素、布局形式、尺度比例、组合方式、连接要素、美学风格、商业价值纳入设计系统中，形成全链路的设计方案。

大型邮轮中庭空间的整体结构形式多样且复杂，很难从某一个方面来表达和考量中庭设计的相关信息。对于大型邮轮中庭空间设计来说，设计模型能够描述中庭空间的全设计流程中的相关信息就显得尤为重要。因此，本章以中庭空间环境设计、规划设计、流线设计为基础，围绕物理模块、功能模块、交互模块、意义模块建构中庭空间设计模型，即从"物的属性""物与物""人与物""物的价值"视角明晰中庭空间设计。

本书从学科交叉视角对大型邮轮中庭空间展开分析，模型建构中的物理模块对应中庭空间环境表征。中庭空间环境设计是物理属性的外显形式，综合了材料应用、色彩搭配、风格选择、装饰混搭等，属于"物的属性"研究。模型建构中的功能模块对应着中庭空间规划内容，涵盖了尺度比例、组合方式、连接要素方面对中庭空间设计的影响，属于"物与物"关系的研究。模型建构中的交互模块对应着中庭空间流线组织，本书从用户体验设计理论视角展开，论述了游客行为偏好背景下的大型邮轮中庭空间流线组织特征，属于"人与物"关系的研究。

综合这些因素，可以将物理模块、功能模块、交互模块分别和中庭空间环境要素、规划内容、空间流线相对应（图6-1）。中庭空间设计模型将从这三个维度展开研究。首先从美学角度出发，选定与大型邮轮主题和商业定位相匹配的环境要素，即"物的属性"研究；其次依据大型邮轮中

庭空间定位选择适宜的中庭布局形式、尺度比例、组合方式、连接要素，完成功能模块研究，即"物与物"关系的研究；最后对游客社交行为偏好、购物行为偏好、观赏行为偏好、娱乐行为偏好、休憩行为偏好进行分析，完成交互框架研究，即"人与物"关系的研究。意义模块是对物理模块、功能模块、交互模块进行整合后，使中庭空间转变成具有艺术展示、售卖、休闲等活动的复合功能空间，满足邮轮游客不同层次的需求，形成一个有机的整体。因此，物理模块、功能模块、交互模块、意义模块共同组成了中庭空间设计模型建构基础，下面将对这四个架构进行论述。

物理模块在中庭空间是最基本的要素。游客在进入中庭空间时，第一印象就来自于对中庭空间物理环境和风格形式的观察及体验。此时，中庭空间的美学风格往往承担了传达中庭空间特征、美学设计的重担。对于中庭空间物理模块的分类，主要从构成中庭空间环境的角度出发，归纳物理模块中有哪些内容。同时，结合游客体验需求，将其在中庭空间内的体验内容与物理环境结合起来分析。物理模块有六个要素内容，分别是甲板环境、尺度、材料、色彩、景观配置及环境设施。

功能模块是本书研究的重要方向之一，中庭空间作为大型邮轮最核心的复合功能空间，具有"牵一发而动全身"的特点，影响了邮轮娱乐空间、餐饮空间及购物空间的分布。通常中庭位于大型邮轮的核心位置，涵盖观赏类休闲区域、餐饮类休憩区域、商业类活动区域，是游客往来的必经之地。因此，中庭空间的纽带作用直接与布局形式、尺度比例、组合方式、连接要素等有关。这里的功能模块强调"物与物"之间的关联性，即中庭空间功能区域之间的关系，与结构逻辑相关。从大型邮轮全局建造视角入手，使中庭在设计过程中也考虑到大型邮轮整体特点，保证了方案的合理性。相对于物理模块来说，功能模块在最基本的要素之上，又加入了结构逻辑的要求。

交互模块是从游客视角出发，探究游客与中庭空间的关系。作为兼具商业、娱乐、休闲、艺术展示的复合功能空间，其交互性是连接游客和中庭空间的根本特性。因此，明确中庭空间的交互模块是将中庭空间的物理属性向公共空间属性转变的第一步，具有重要的意义。而要研究游客与中庭空间如何交互，就要对游客行为进行归纳分析，以建构适

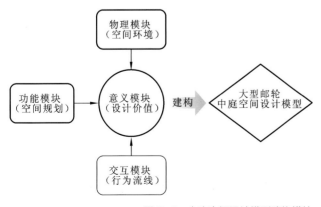

图6-1　中庭空间设计模型建构模块

宜的大型邮轮中庭空间交互模块。本书运用用户体验设计理论，从游客行为偏好特征入手研究游客行为，并归纳了游客行为偏好对中庭空间流线设计的指引作用。再对游客行为偏好背景下的中庭空间流线组织类型、原则、策略进行研究。只有明晰游客行为偏好与中庭空间流线组织的关系，才有助于"人与物"交互模块研究的后续展开。在明确了物理模块、功能模块及交互模块之后，才能根据这三个架构的基本内容和特征属性，建立起意义模块。

中庭空间作为大型邮轮最核心的复合功能空间，它本身具备了意义可能性。首先要明确提出中庭空间意义模块，只有在清楚地认识到中庭空间能够创造意义，才能理清意义模块研究的目的。中庭这类复合功能空间除了具有本身的功能外，也成了大型邮轮展现品质的标志性空间，成为大型邮轮室内设计的重点。中庭空间内各架构的特性，以及架构之间的运行方式，都是为了一个目的，创造凸显特色的有机整体，满足邮轮游客不同层次的需求。中庭空间的意义模块也是这个有机整体中的一个重要环节。意义模块也明确了中庭空间作为复合功能空间的优化设计方向。其一，游客对于中庭空间产生的行为依赖于中庭空间对于游客来说具有的意义；其二，中庭空间的价值既来自于不同资本类型在中庭内的作用，又来自于不同游客行为偏好与中庭空间功能之间的互动；其三，这些中庭空间的意义是可以被修正的，游客对于中庭空间的要求不仅"好用"，还应该"好看""好玩"。

总之，意义模块并非一个绝对抽象的概念，在中庭空间从相对单一的功能空间向复合功能空间的意义转换中，我们可以找到更多中庭空间具体的意义描述。但中庭空间意义模块的可能性则是为了体现中庭空间的社交性、娱乐性和载体性的特征。并且中庭空间意义模块还侧重于构建新的意义类型，比如游客新的行为方式、新的邮轮文化、新的交流方式、新的建构技术等。所以，大型邮轮上的中庭空间，一方面需要与景观设计紧密结合，加强视觉艺术性；另一方面，还应该在中庭空间内融入各种娱乐、休闲、社交、休憩、购物功能，使游客在中庭空间内不仅是停留观赏，同时是在进行多种活动。这样，中庭不仅具备了恢宏的空间效果和景观价值，还兼具了合理的功能分区、顺畅的空间流线和疏散通道、安全防护措施和要求。因此在研究中庭空间时，需要将

意义模块作为一个重要的内容，它是构成中庭空间设计流程的重要组成部分之一。

二、中庭空间设计模型建构的层级

前面内容已经解析了设计模型建构应具备的四个部分，即物理模块、功能模块、交互模块、意义模块，下面将针对这四个部分，探究每个部分相互之间的逻辑关系，并分析物理模块、功能模块、交互模块、意义模块在中庭空间设计过程中是如何运转与组织的，进而推导出大型邮轮中庭空间设计模型建构层级。

物理模块关注的重点是中庭空间构成的物理环境元素，思考其客观的物理环境中有哪些内容。功能模块关注的重点是中庭功能区域的内部关联如何被建构出现，实现大型邮轮中庭空间内的良好运转。功能模块关注的是中庭空间布局形式、尺度比例、组合方式、连接要素，重点强调"物与物"之间的关系。交互模块关注的重点是游客行为对中庭空间流线布置的影响，以提出能满足游客需求的解决方案。交互模块关注的是中庭空间流线，重点强调"人与物"之间的关系。从本质上而言，这三个模块都是为满足意义模块这一目标而进行的建构活动。三者之间的内在联系不言而喻，物理模块、功能模块再到交互模块不仅实现了中庭本身的功能，还保证了合理的功能分区及成为解决游客需求的内核动力。

本书接下来将物理模块、功能模块、交互模块、意义模块这四个基础模块覆盖的内容进一步细化，基于这些模块对中庭空间设计模型建构的影响，得出中庭空间设计模型建构层级，即物理层、连接层、行为层、资本层、风格层、意义层（图6-2）。下面将对这六个层级进行详细论述。

物理层：关于中庭空间物理环境的内容，与功能内容有关。物理层构成了中庭空间的基础要素，注重中庭空间物理性特征。从构成关系上看，物理层是中庭空间设计建造的基石，任何中庭设计研究都离不开物理环境。大型邮轮中庭建造要符合国际船级社规范，在选材方面非常苛刻。要保障中庭高空安全，还要求在使用中采取充分进行有效的安全防护措施，并考虑结构的安全性和材料的刚性。在防火安全性方面，材料要与船体主竖区防火要求保持一致。因此在中庭空间设计之前先将物理层涉及的要素罗列清楚。物理层包括

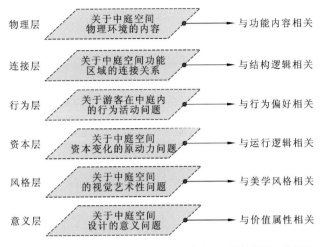

图6-2 中庭空间设计模型建构层级

材料、色彩、尺度、环境设施及景观配置等内容。

连接层：关于中庭空间功能区域的连接关系，即物与物的关系，与结构逻辑相关。连接层注重中庭布局在大型邮轮总布置中的合理性，强调中庭空间的功能性，以确定中庭空间布局类型。物理层只有考虑了物与物的关系才能合理搭配，因此连接层与物理层有关联。只有将中庭空间物理层和大型邮轮功能空间物理层分别进行思考与连接，大型邮轮的总体设计才能更加合理和具有价值。同时，这里的连接层不仅指代中庭空间内物理元素的连接搭配，而且还要考虑中庭空间功能区域的连接关系，涉及中庭空间的布局形式、组合方式、连接要素。

行为层：关于游客在中庭内的行为活动问题，与游客行为偏好相关。游客行为偏好包括游客社交行为偏好、购物行为偏好、观赏行为偏好、娱乐行为偏好、休憩行为偏好。行为层注重游客的行为偏好诉求与情感表达，以确定中庭空间流线组织类型。游客行为偏好是一种结构形塑机制，总是趋向于游客实践活动，趋向于生成各种"合理"的行为。行为层对游客行为生成逻辑进行研究，以探究游客行为偏好与中庭空间流线的联系，确定中庭空间流线的合理规划。行为层涵盖双重串联式、双重放射式、树状综合式、核心分散式及汇合式中庭空间流线组织类型。

资本层：关于中庭空间资本变化的原动力问题，与中庭空间资本的边界、运行逻辑及内部结构相关。资本层注重游客所持有的资本类型及中庭空间功能区域所蕴含的资本类型，资本的转换不仅会导致游客在中庭空间内体验的变化，而且会对游客体验产生影响。对资本层的研究有助于了

解中庭空间功能区域之间的关系，以界定中庭空间尺度比例和布局形式，如椭圆形、方形、矩形、流线形、圆形等各种形式。这也为合理地在大型邮轮内进行中庭位置布局、尺度考量及功能分区奠定了科学的依据。资本层包括经济资本、文化资本、艺术资本、象征资本。

风格层：关于中庭空间的视觉艺术性问题，与美学风格相关。风格层注重所有物质元素的聚合，反映装修的特点。风格层涉及中庭空间设计方案深化、装饰工程实施、装饰材料选择、家具选型、用品选型、景观装饰、照明工程。风格层直接表现中庭空间美学设计特点，涵盖中庭内装主题设计风格的鲜明性、色彩的协调性、空间氛围的艺术性、装饰品与设施外观美学的统一性、装饰施工制作的视觉精美性、视觉识别性等内容。风格层包括欧式古典主义风格、地中海航区风格、北欧风格、北美风格、平面美术风格、新简约主义风格、新装饰主义风格等。

意义层：关于中庭空间设计的意义问题，如社交性、共享性、载体性，与价值属性相关。意义层注重设计背后的伦理价值和意识形态。中庭空间的"意义"具备动态性，它会随着物理层、连接层、行为层、资本层、风格层的影响而发生变化。同时意义层还具有双向性特征，并非只能受到其他层级的影响，它自身还可以反作用于这些层级，从而影响到物理层、连接层、行为层、资本层、风格层。这种双向机制使中庭空间价值得到进一步提升。意义层包括期望、文化、价值、伦理、信仰。

总之，物理层、连接层、行为层、资本层、风格层、意义层共同构成了大型邮轮中庭空间设计模型的所有层级。每一个层级都涉及不同的范畴，都有着各自的作用，共同覆盖中庭空间设计的所有关键点和因素。基于对这六个层级的分析，本书接下来将完成中庭空间设计模型建构。

三、中庭空间设计模型的建构逻辑

游客进入中庭后，游客在中庭内的活动分别受到中庭空间和游客自身行为偏好的影响。基于第四章的分析，中庭空间规划在模型建构中涉及四个方面，即中庭布局形式、尺度比例、功能组合设计和连接要素。基于第五章的分析，游客行为偏好能细分为社交行为偏好、购物行为偏好、观赏行为偏好、娱乐行为偏好、休憩行为偏好。游客行为偏好在模

型建构中涉及中庭空间流线，流线组织类型可细分为双重串联式、双重放射式、树状综合式、核心分散式、汇合式。但是仅从这两个维度不能涵盖中庭空间设计的全过程，也不能完全映射模型工具建构所需的六个层级。因此，本书基于大型邮轮中庭空间特征，创新性地提出设计过程中的第三个维度——意义维度，涉及邮轮文化、社交性、载体性和共享性。因此，中庭空间场域涉及物理层、连接层、风格层；游客行为偏好涉及行为层、资本层；意义层直接归属于意义维度。

综上所述，本书将中庭空间设计模型内的六个层级归纳在中庭环境维度、游客行为偏好维度、意义维度之中。该模型的结构如图6-3所示：呈现出一种类似于"盒子"结构。从中庭空间设计模型可以得出，中庭环境、游客行为偏好、意义维度共同建构了整个模型框架。

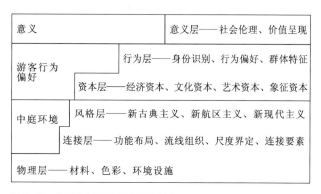

图6-3　中庭空间设计模型框架结构

中庭空间设计模型的路径基本清晰。首先需要对中庭空间进行分析，完成合理的中庭空间规划。其次需要对游客行为偏好进行归纳，以确定中庭空间流线组织类型和面向目标游客群体的美学风格。最后，结合邮轮文化、设计伦理、信仰等意义层要素，实现中庭空间设计的创新。下面将详细阐述中庭空间设计模型概念及特点。

从下至上，第一维度为中庭环境，其作为中庭空间设计模型的理论核心框架承担着最为基本的作用，游客行为偏好和意义维度都需要在其基础上才能得以展开。中庭环境维度涵盖了三个基础内容，分别是物理层、连接层和风格层。通过三个基础内容来分析中庭空间规划方案，探讨中庭空间环境、布局形式、尺度比例、组合方式、连接要素、美学风格。在中庭环境之上位置是游客行为偏好维度，包括资本层和行为层。资本层涵盖经济资本、文化资本、艺术资本、象征资本；行为层涵盖身份识别、行为偏好、群体特征。其中行为

偏好包括社交行为偏好、购物行为偏好、观赏行为偏好、娱乐行为偏好、休憩行为偏好。中庭空间只有和游客行为偏好相联系，才能衍生出意义维度，这也是将一般性中庭空间向具有社交性、共享性、载体性的中庭空间转变的关键步骤，注重中庭空间设计背后的伦理价值和意识形态。

这里的中庭环境和游客行为偏好共同串起了中庭空间功能区域之间（物与物）、游客与中庭空间之间（人与物）、游客群体之间（人与群体）的关系。在满足物理层和风格层的美学问题之后，中庭空间设计需要考虑"物与物""人与物""人与群体"这三种基本关系。中庭空间如何满足这三种不同连接类型的关系是中庭空间设计模型必然关注的问题。这三种连接类型代表了中庭空间设计涉及不同关系需求。在大型邮轮内，兼具休闲、娱乐、休憩、购物等"复合功能"属性的中庭空间承担着这三种连接类型的渠道、载体和角色属性特征。同时，中庭空间内游客的行为偏好反映了游客如何在中庭空间展开行为活动。中庭空间通过资本、关系、规则与游客的社交行为偏好、购物行为偏好、观赏行为偏好、娱乐行为偏好、休憩行为偏好共同塑造意义维度。在中庭空间设计模型中，从中庭空间到游客行为偏好，也就引导出该模型的第三个维度：意义维度。作为中庭空间设计中最高层级维度，创造意义可能性是每个大型邮轮中庭空间设计的初衷与愿景，而意义的实现也并非是一个绝对抽象的概念，意义维度作为中庭空间设计模型的第三个维度，是中庭空间设计价值的更高体现。

同时，中庭空间设计模型还具有双向互动机制，即随着意义维度的变化又会影响中庭空间的其他维度，即中庭环境、游客行为偏好都会受其影响。当中庭空间的意义发生变化时，相应的会影响中庭空间设计模型中的物理层、连接层、行为层、资本层，风格层不受意义可能性的影响。此外，不同的邮轮有着主题、视觉、定位、稳性等限定条件，对应着的中庭空间也有着不同的意义层。因此，不同的中庭空间意义维度的建构需要有不同的中庭空间资本类型与游客行为偏好相对应。一旦中庭空间设计模型中的意义维度随着邮轮航区调整、季节性主题切换、邮轮翻新而发生变化时，这种变化就会在中庭环境和游客行为偏好两个维度上体现出来。相应的，原本的中庭空间物理层、连接层与行为层也会发生变化，资本层和风格层也会因中庭空间的变化而产生改变。

随着现代大型邮轮设计和建造水平的提高，中庭空间也从单一功能空间转变成具有娱乐、休闲、艺术展示、售卖等活动的复合功能空间，也成为凸显邮轮美学特征、展现品质的标志性空间。因此，作为具有"复合价值"的中庭空间，其意义已经发生了转变。如何在大型邮轮这类高密度空间内赋予中庭空间多重价值是船舶设计师面临的难题。中庭空间不仅联系着纷繁复杂的邮轮功能单元，还肩负着邮轮人员集散功能，要厘清中庭空间的特征，重新定义中庭空间的意义，从而根据中庭空间设计模型框架内的六个层级来创新性地完成中庭空间设计。

四、中庭空间设计模型层级组合的原则

在前文介绍的中庭空间设计模型维度的组合中，本书已经将三个维度如何从组合到完成建构的过程进行了阐述。但仍需强调的是，中庭环境、游客行为偏好到意义维度的组合关系中，意义维度是最为重要且根本的要素，统领整个中庭空间设计模型的构成与组织，涵盖了模型建构的六个层级。中庭环境作为中庭空间设计模型的基本要素，是中庭空间价值再定义与再思考的出发点。从中庭空间主题定位开始，如果要实现现代大型邮轮中庭空间"复合价值"的意义，则必须通过游客行为偏好这个关键性要素入手，才能将原本单一的只具有集散功能属性的中庭空间演绎成具有"复合价值"的功能空间，焕发出不同的意义可能性。

因此，在中庭空间设计模型组合原则中，意义维度统领于其他两个维度。在意义模块中，物理层是最为基础的层级，连接层、风格层、资本层、行为层是物理层获得最终意义的必经途径。同时，不同的大型邮轮中庭空间又具备不同的主题性、艺术性和娱乐性特征，针对不同主题性、艺术性和娱乐性前提条件下的中庭空间，研究者和船舶设计者可以灵活运用中庭空间设计模型的维度组合方法，将其作为设计的策略。此外，针对大型邮轮吨位、定位、稳性等具体特征进行具体分析，在中庭空间设计过程中，应基于中庭空间设计模型寻找到具体的维度组合关系与使用策略，而不应是生搬硬套，更不应该对号入座，使中庭空间设计模型成为设计者的"魔法棒"，而不加以限制地照搬。

随着大型邮轮吨位和排水量不断增加，中庭空间面积也越来越大，其设计也进入到复合功能转型与反思阶段。因

此，中庭空间设计模型的建构是为肩负"复合价值"属性的中庭空间设计提供了一个可供思考和使用的工具。这种多维度构成的模型适合当下及未来大型邮轮复合式中庭空间的设计及后期评估。我们既能将中庭空间设计模型作为中庭空间设计立意时的思考工具，又能在设计过程中运用中庭空间设计模型统筹整体方向，助力设计师把握全局。此外，设计师还可以运用中庭空间设计模型对初步设计方案进行评估，从而不断修正初步设计方案中的问题，使中庭空间的设计始终符合船舶建造规范，切合游客需求。这样，中庭空间设计模型一方面是顺向的使用，另一方面是逆向的评价与优化。总之，无论处于大型邮轮中庭空间设计或优化的哪个阶段，中庭空间设计模型都能帮助设计师更为清晰地去探索中庭空间具备"复合价值"属性时所指向的设计方向。

第二节　中庭空间设计模型应用分析

基于对中庭空间设计模型应用内容的分析得知，中庭空间设计模型依托中庭环境、游客行为偏好、意义三个维度，包含物理层、连接层、风格层、资本层、行为层、意义层，分别针对这六个层级的内容展开三段式的设计程序。六个层级之间不是完全独立的个体，而是有相互联系和重合的设计部分。例如，在设计师考虑中庭空间物理层设计时，对尺度、色彩、材料的选择要兼顾风格层中的美学风格的要求。

三段式设计程序分别指"分析""设计""修正"三个阶段（图6-4）。第一段式分析程序主要涉及资本层、行为层、连接层；第二段式设计程序主要涉及物理层、风格层；第三段式修正程序主要涉及意义层。这三个阶段以时间先后进行了划分，没有绝对的界线，三个阶段的内容可以相互关联，共同完成全链路的中庭空间设计。下面将具体分析中庭空间设计模型的三段式设计程序。

一、分析程序

分析程序是中庭空间设计模型创新应用的基础。为了深入理解大型邮轮中庭空间特点，在进行设计之前，需要从资本层、连接层、行为层入手展开具体探究。首先，每一个大型邮轮中庭环境都有着各自的特点，与邮轮主题、市场定位、吨位、航线息息相关。这些前期调研是资本层需要关注

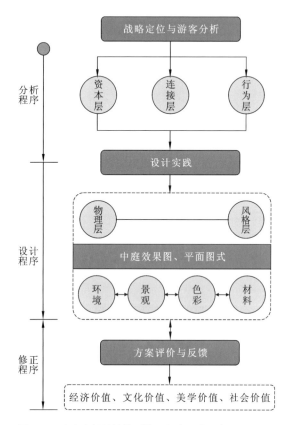

图 6-4　中庭空间设计模型的三段式设计程序

的内容。其次，中庭空间的设计与建造都是为了满足游客的物质与精神需求，在环境舒适性和复合功能上要不断提高并完善，以适应游客多样化的需求。这类洞悉游客行为的过程是行为层需要关注的内容。同时，中庭空间肩负着大型邮轮游客与船员的集散和安全疏散功能，是公共安全的"生命线"。中庭空间联系着纷繁复杂的大型邮轮功能单元，使不同的功能单元形成一个有机的整体，这一重要的功能实现是连接层需要关注的内容。

1. 资本层分析程序

资本层是分析程序的第一阶段，包括市场研究和战略定位，以确定中庭空间的功能选择和权重配比。经由海洋船舶与陆地建筑两种形式的结合，大型邮轮已转变为流动的城市综合体，以船为载体，以海洋旅游为背景，集众多功能于一体。因此，针对这类复杂的高密度船舶建造，不同的邮轮集团和不同的国家航区，其设计风格、市场定位、吨位大小、航区限制、主题方案都有其各自特点。同样，中庭空间设计也会随着大型邮轮特点的差异而发生变化。例如，迪士尼邮轮集团旗下的大型邮轮中庭空间都以卡通元素、迪士尼动漫角色为主要元素，注重中庭空间的亲子互动、儿童休闲功能。

所以，在中庭空间设计之前需要了解到大型邮轮自身的特点，类似于设计定位研究。功能的转变将引发设计关注点的转变，对现役主流大型邮轮的调研发现，中庭空间已肩负了娱乐、观赏、餐饮、购物等功能。这些功能衍生出各种不同的资本类型，依据大型邮轮运营对市场定位的不同，按照功能权重分别列出娱乐、观赏、餐饮、购物的优先等级，分别对应着文化资本、艺术资本、象征资本、经济资本。根据归纳出的资本类型来确定中庭空间功能区域内容，进而制定中庭空间尺度比例。

2. 连接层分析程序

连接层属于分析程序的第二阶段，可归纳为中庭空间规划的研究，以选择适宜的布局形式、组合方式及连接要素。由于中庭空间联系着纷繁复杂的邮轮功能单元，具有"牵一发而动全身"的属性。连接层注重中庭布局在大型邮轮总布置中的合理性，提升中庭的交通出行效率，使中庭空间设计方案在船舶实际建造中能"落地"。

首先，在邮轮总布置背景下，选择适宜的中庭空间布局形式，从空间关系视角驱动中庭空间布局形式研究，可以将低层甲板各个功能空间进行合理区分，发挥中庭界定功能舱室、疏导交通的作用，将相同功能属性的空间通过中庭连接起来，形成均衡、合理的布局。

其次，从中庭空间功能区域入手，选择适宜的中庭空间功能区域组合方式。一是中庭空间交通单元与观赏类休闲区域组合形成文化关系网络；二是中庭空间交通单元与餐饮类休憩区域组合形成服务关系网络；三是中庭空间交通单元与商业类活动区域组合形成经济关系网络；四是中庭空间交通单元与多种功能空间组合形成复合关系网络。

最后，确定连接要素内容。基于上述中庭空间与功能空间关系的分析，分析观光电梯、观光电梯厅、景观梯道、景观梯道环围等连接要素如何布置，还要考虑这类连接要素的位置、设置方式和尺度大小。连接要素可以通过中庭空间与大型邮轮其他公共空间的组合类型布置，以确保中庭空间与大型邮轮其他公共空间连接的顺畅性和合理性。

3. 行为层分析程序

行为层属于分析程序的第三阶段，可归纳为游客行为偏好与中庭空间（人与物）的研究，分析游客行为偏好以引出中庭空间流线组织。中庭空间流线之所以重要，不只是因为流线的制定反映了中庭空间场域内不同行为偏好侧重点的游客性情倾向，而且中庭空间流线会直接影响中庭空间整体设计方案。

首先，对所在航区的大型邮轮游客行为偏好进行研究。例如，北美航区、日韩航区和地中海航区游客的喜好偏爱都存在着差异。通过本研究第五章的分析得知，大型邮轮游客行为偏好可以归纳为社交行为偏好、购物行为偏好、观赏行为偏好、娱乐行为偏好、休憩行为偏好。这五种游客行为偏好分别对应着双重串联式、双重放射式、树状综合式、核心分散式及汇合式中庭空间流线。其次，以目标航区为基础，归纳目标游客群体的行为偏好优先级。游客行为偏好优先级为设计师选择中庭空间流线组织类型提供参考，并不存在某种行为偏好优于其他行为偏好。同时，中庭空间可以兼顾多种游客行为偏好，只是根据目标航区和目标游客，按照优先级确定游客行为偏好。最后，结合大型邮轮功能布置特点及确定的游客行为偏好优先级，来选择适宜的中庭空间流线组织类型。

综上所述，分析程序分别从资本层（市场定位）、连接层（物与物的关系）、行为层（人与物的关系）三方面完成设计程序前期的系统性研究。这种全链路的分析程序为接下来设计方案制定奠定了科学的基础，使设计方案落地。

二、设计程序

设计程序是整个中庭空间设计模型应用的实践阶段。设计师基于分析程序得到的结果，从风格层和物理层展开具体的中庭空间设计实践。中庭空间的设计实践应首先确定中庭风格形式，通过中庭空间风格形式，明确物理层设计程序的推进方向。设计程序的第一步是至关重要的设计实践，所形成的风格形式直接决定了中庭空间整体效果和物理元素搭配方案。而物理层设计程序是确定中庭环境设计的物质内容。

1. 风格层设计程序

风格是中庭空间吸引力的重要一环，邮轮公司的主题特色、文化特点、美学等要素都被吸收进中庭风格体系，形成丰富多样的风格特点。邮轮建造时的服务航区，对邮轮中庭的风格也起到决定性的作用。例如，目前在中国运营的歌诗达部分邮轮，中庭空间虽然具有典型的地中海意大利风格，但是也加入了很多中国传统元素，以更好地融入中国市场。

风格层设计程序共分为两部分。第一步，中庭空间设计师与邮轮总布置设计师进行沟通讨论，分别从市场定位、邮轮主题、航区特征、文化脉络、家族传承、美学形式归纳出当下大型邮轮中庭空间风格形式。第二步，依据确定好的中庭风格形式，设计师发挥主观能动性，展开创意设计，完成中庭空间美学设计效果。这一部分是设计师充分展示艺术创作手法的步骤，给游客呈现极致的中庭空间美学价值。

2. 物理层设计程序

在确定好中庭空间风格形式的基础上，物理层设计程序就是从构成中庭空间风格形式所需的物理环境角度出发，思考如何设计及组合这些要素。物理层设计程序所涉及的要素共包括材料、色彩、环境设施及景观配置。

首先，设计师需要选择构建中庭空间所需要的物质材料，大致可分为：木材和仿木材料、石材和仿石材料、织物材料、金属材料、玻璃材料、涂膜材料、镜面材料、塑料制品材料。了解和研究这些材料的视觉效果，以及如何塑造出目标风格形式，对于中庭空间装修具有指导意义。

其次，设计师需要把握整体色彩。色彩是大型邮轮中庭空间物理环境的重要组成部分，它与中庭材料、形式相互依存，共同确定了中庭空间风格形式。通过色彩搭配装饰中庭空间物理环境，塑造不同的风格形式，这是中庭空间色彩的美学价值。总之，设计师需要从表现中庭主题、调节中庭气氛、调节中庭光照、调节中庭空间、调节中庭空间"温度"方面来考量适合中庭风格形式的主题色和配色。

最后，设计师明确中庭空间相关的环境设施和景观配置。设计师需要研究的环境设施包括连接入口、连接通道、空中廊道、扶梯、垃圾桶、座椅、标识牌；景观配置包括绿化水景、雕塑、植物、舞台、主题装饰。随着新材料、新技术的发展，环境设施和景观配置被赋予更强的装饰性。如何合理组织这些环境设施和景观配置，发挥物质材料的作用，把握整体色彩，从中庭空间设计方案转换到实际建造方案是设计师在本阶段需要探讨的方向。

三、修正程序

修正程序围绕意义层展开，对中庭空间设计方案按照

"确立指标、获取权重、计算趋势"展开测试，基于测试结果和目标要求进行修正和优化。意义层修正程序探究的是中庭空间社交的意义问题，以实现中庭空间的社交性、共享性、载体性价值。

一是对已完成的中庭空间设计方案进行测试评估。通过专业指标确定中庭空间设计模型下的中庭空间设计方案评价指标及其权重，进而科学评估中庭空间设计方案可能存在的问题。二是针对发现的问题，对中庭空间设计方案进行再修正，注重设计背后的经济价值、文化价值、美学价值和社会价值。

意义层修正程序并非是绝对抽象的概念，中庭作为邮轮最大的"共享性"公共空间是游客休闲娱乐活动的发生地，体现了新的公共空间场所精神。随着大型邮轮新的建造技术发展，邮轮吨位不断增大，中庭空间设计建造必然也会受到新技术的影响。中庭空间被赋予了更多的"复合价值"，在对设计方案的修正中，有助于凸显意义层所涉及的价值属性。

第三节　中庭空间设计模型应用的支持工具

为了更好地支持中庭空间设计模型在中庭空间设计中的应用，但又不增加设计师的负担，本书作者联合武汉理工大邮轮美学设计研究团队共同探讨了相关支持工具。在船舶室内设计工具的基础上，进一步归纳了支持中庭空间设计模型的 15 个支持工具。经过在设计实践过程中对工具的推广应用，这类支持工具已经在设计实践和课程教学中得到检验与修正，对中庭空间设计模型的支持作用也获得了认可。本书开发的相关支持工具覆盖了中庭空间设计模型的三段式设计程序，从整体看这 15 个支持工具对中庭空间设计都是不可或缺的。

一、工具的分类及用法简介

基于工具的适用范围，综合分析程序、设计程序和修正程序的要求，将相关支持工具分为"背景分析类工具、专业设计类工具、测试与优化类工具"三大类。本书进行过多轮的修正，最终梳理了配合中庭空间设计模型使用的支持工具。背景分析类工具，包括商业模式画布、资本蓝图、连接特征图、游客画像、空间关系表；专业设计类工具，包括项目工作坊、快速创意发生器、概念发散图、物理元素搭配表、设计效果图；测试与优化类工具，包括指标选择问卷、指标权重计算器、意义维度雷达图、目标评估表、优化设计表。

依据中庭空间设计模型的三段式设计程度，本书归纳了辅助中庭空间设计模型应用的三大类共 15 个支持工具。在中庭空间设计模型指导中庭空间设计过程中，工具的设计及应用不是固化的，会应用到哪些工具都取决于中庭空间设计实践的实际情况。不同的邮轮定位、不同的中庭背景、不同的运营目标、不同的游客行为偏好，都会影响到支持工具被使用的方式以及起到的具体作用。因此，本书并不会直接给出这 15 个支持工具的具体使用步骤，因为这些工具的使用步骤不是固定不变的，而是可以被灵活使用的，初学者可以参考下文的工具说明。

为了降低初学者的使用难度和学习成本，所有的工具界面图形语言和内容元素尽量统一。同时，在介绍这些工具的基础上，具体阐述了每一个工具的具体功能和使用注意事项。需要强调的是，虽然背景分析类工具、专业设计类工具、测试与优化类工具分别应用在分析、设计和修正三个阶段，并且每个阶段的工具各有侧重，但是不同阶段出现设计交叉时也会按需取用。

二、背景分析类工具

背景分析类工具主要聚焦于设计分析。因此在资本层、连接层和行为层分析阶段均开发出了相关工具。基于中庭空间设计模型的使用场景，以及三段式设计程序中分析程序的要求，本书最终确定了五个背景分析类工具，包括商业模式画布、资本蓝图、连接特征图、游客画像、空间关系表。

1. 商业模式画布

商业模式画布是以一种可视化的方式描述并定义邮轮市场定位、主题推广、营销活动的语言。通过对画布框架里的九个要素（具体包括市场定位、邮轮吨位、集团文化、运营框架、邮轮主题、航区类型、营销活动、基础设施、服务类型）的描述性分析（图 6-5），在中庭设计之前，加深设计师对整个邮轮战略性定位的理解和把握。

使用注意事项：商业模式画布的使用要从"战略定位与价值提议"入手，要在中庭设计之前，客观全面地掌握邮轮相关的商业背景元素。在使用商业模式画布工具时，建议

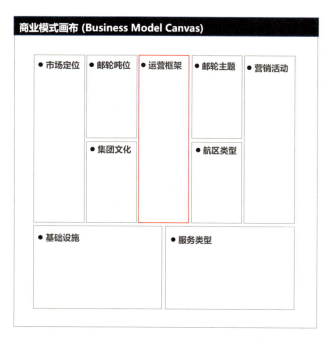

图 6-5　商业模式画布工具

使用"便利贴"，以方便推演出与邮轮商业定位相匹配的中庭模式。商业模式画布不仅可以分析邮轮的主题特色和营销目标，重要的是在此基础上通过定性分析，归纳商业模式画布里各个元素的内容，得出中庭空间设计定位及新商业模式。对于中庭空间而言，除了要有基本的功能属性外，也要关注邮轮主题特色、航区地方性风格、文化特点等对中庭空间设计的影响，形成切合邮轮战略定位的中庭风格特点，引导中庭的商业价值布置。这是商业模式画布的意义所在，也是是否能够顺利设计符合当前邮轮要求的中庭的关键。

2. 资本蓝图

资本蓝图的作用在于将中庭空间功能区域涉及的资本类型及运作逻辑可视化（图6-6）。具体而言，首先梳理中庭空间功能区域有哪些，通过明确空间"具体功能"确定涉及的资本内容；其次，从象征资本、文化资本、经济资本、艺术资本、物质资本中总结相互之间的转换关系；再次，按照功能权重分别列出娱乐、观赏、餐饮、购物的优先等级，并将对应的文化资本、艺术资本、象征资本、经济资本按优先等级排序；最后，根据资本类型和数量拟定中庭空间尺度比例。资本蓝图能够提前推演中庭空间功能区域资本类型及转换关系，依据资本数量及变化推导出中庭空间尺度范围。这对从邮轮运行资本视角出发，引导中庭空间尺度界定有着重要意义。

使用注意事项：借助资本蓝图可以把看不见的资本类型具体化，把庞杂的转换关系可视化。使用时可以从任意资本类型着手，按照功能权重顺序完成资本分析是比较合理的选择。值得注意的是中庭空间功能区域资本出现重复或重合，要尽可能地细化同一属性资本分别对应的功能区域。同时应该突出资本转换对中庭空间尺度比例的要求和限制，参考本书表4-1中庭空间尺度比例 L/H 关系对照表，在尺度比例范围的选择上，主要关注与中庭空间关联度更大的长度、竖向高度部分。

3. 连接特征图

连接特征图的作用在于将中庭空间功能区域的连接关

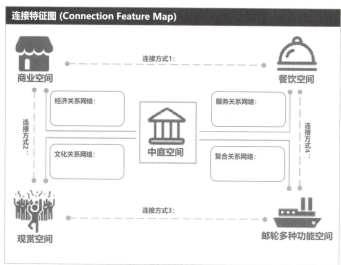

图 6-6　资本蓝图工具　　　　　　　　　　　　图 6-7　连接特征图工具

系进行可视化处理，连接特征图是展示"物与物"关系的重要工具（图6-7）。连接特征图能够为邮轮设计、总布置规划、空间要素的设计提供支持。其主要内容包括中庭交通单元如何与观赏类休闲区域、餐饮类休憩区域、商业类活动区域等多种功能空间进行组合。连接特征图可以帮助设计人员分析不同空间的关系，在中庭空间总布置时综合考虑空间关系对空间组合的影响。若连接关系偏文化关系网络，则交通单元与观赏类休闲区域组合；若连接关系偏服务关系网络，则交通单元与餐饮类休憩区域组合；若连接关系偏经济关系网络，则交通单元与商业类活动区域组合；若连接复合关系网络，则交通单元与多种功能空间组合。

使用注意事项：通过提供一套标准的可视化图形（箭头、图标）及使用规范（箭头使用方式、图文组合方式），使连接特征图成为中庭空间设计人员通用的设计语言。在实践中，这种规范性的图形有助于邮轮设计团队成员间信息共享。通过连接特征图对中庭空间功能区域连接关系的可视化处理，设计人员能够及时推敲功能区域之间的连接关系，从而选择更合理的连接方式。

4. 游客画像

游客画像是基于邮轮典型用户特征，设定一个虚拟人物形象，高质量的游客画像可以成为中庭空间流线推演的重要参考（见图6-8）。为了反映出目标游客群体所具有的共同特征，必须在游客画像中将典型特征具体化，以避免游客特征模糊造成信息缺失。具体至中庭空间设计，应该基于

游客画像选择游客行为偏好的类别，从而推敲出游客行为偏好背景下的中庭空间流线设计方案。

使用注意事项：过于放大游客的细节特征可能会影响甚至误导游客画像，在使用游客画像的过程中要注意与游客行为偏好的结合分析，对游客主要特征内容做灵活调整。由于不同航区的游客行为偏好和生活方式是不同的，要重点归纳反映游客群体的生活方式，因为生活方式和地域背景所反映出来的游客行为偏好，对这个航区中的大部分游客的行为偏好选择至关重要。在完成初步的游客画像后，可以尝试与典型目标游客进行比对，在"具象—抽象—具象"的迭代中，力求所绘制的游客画像能够反映出游客的核心特征和行为偏好类型。

5. 空间关系表

对中庭空间的关系进行归类是很有必要的。以中庭空间为载体，将中庭内的不同空间进行划分，探究中庭空间流线组织策略。中庭空间流线节点没有方向和速度，但与流线结合不仅具有导视作用还影响游客的通行速度，产生节奏和韵律。中庭空间流线涉及双重放射式、树状综合式、核心分散式、双重串联式和汇合式。在中庭空间流线设计阶段，空间关系表可以帮助设计人员对不同的中庭空间流线类型提出相适应的设计策略，尤为重要的是在易拥堵区域，根据中庭内空间关系增加节点空间，可以起到分流和引导的作用。通过空间关系表的使用，可以弹性化利用中庭空间，控制好空间节点的节奏（图6-9）。

图6-8　游客画像工具

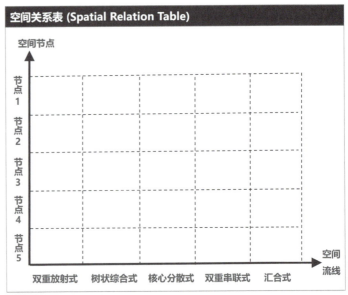

图6-9　空间关系表工具

使用注意事项：空间关系表不要求对中庭空间做过度的分析。在工具使用中，只需罗列出空间单元的名称，并将其置于合理的位置即可。但在空间关系表描述时，也可以通过图文并茂的形式，基于中庭空间流线组织原则，提供更为直观的展示。对不同空间单元的关系，也可以通过线框图阐述空间单元的关系。本工具的实质是通过对中庭空间单元关系的探究来确定空间流线组织策略，从而为中庭空间流线设计打下基础。

三、专业设计类工具

专业设计类工具主要聚焦于设计实践。因此在物理层设计阶段、风格层设计阶段延伸出了相关工具。基于中庭空间设计模型的特点，以及三段式设计程序中设计程序的要求，最终确定了五个设计类辅助工具，包括项目工作坊、快速创意发生器、概念发散图、物理元素搭配表、设计效果图。

1. 项目工作坊

通过聚焦船舶总布置人员、结构工程师、典型游客代表、运营人员、中庭空间设计人员，在规定时间和场合完成相关知识的收集、共享和讨论（图6-10）。项目工作坊可以帮助设计人员和不同身份的利益相关者讨论设计，并快速完成初稿的制定。项目工作坊能扩展设计人员的视野，在效果图的绘制中可与结构工程师进行设计可行性论证和建造成本

计算。设计人员可以接触到涉及中庭空间（包括建造）的不同利益相关者，创建出符合利益相关者的设计目标。具体至设计阶段，项目工作坊可以汇集中庭利益相关者的经验、知识，在特定的邮轮主题和航区要求下，共同参与中庭空间设计初稿的绘制，使得前期设计方案更加合理。

使用注意事项：工作坊是设计中较为常见的工具。针对中庭空间设计而言，由于船舶从设计到建造的专业性强，在组织项目工作坊之前，设计人员要预先把讨论的问题理清，预估可能出现的问题，并提出相应的处理预案。项目工作坊不是一次性的过程，可以根据中庭空间设计项目的需要增加组织次数。尤其在设计过程中，可通过项目工作坊合理调整设计方向。项目工作坊的产出往往以具体而又有价值的概念创新为主，若仅仅是表面的"语言交流"会导致内容的缺失。

2. 快速创意发生器

通过对中庭空间设计常规思路的梳理，获得"突破性思路"。快速创意发生器能够在设计人员思维陷入僵局的时候快速打开局面，获得新一轮的设计创意。中庭空间设计需要合理的中庭布局、流线组织、功能分配、美学风格，基于这些方面，从中庭空间、游客行为偏好、意义维度提出具有创新性思维的设计方案（图6-11）。快速创意发生器诱发的"突破性思路"往往能够带来颠覆性的中庭空间设计创

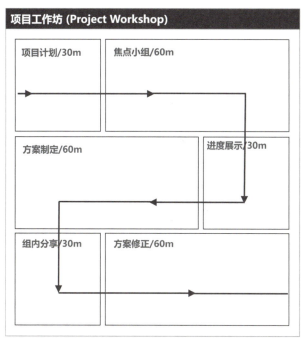

图6-10　项目工作坊工具

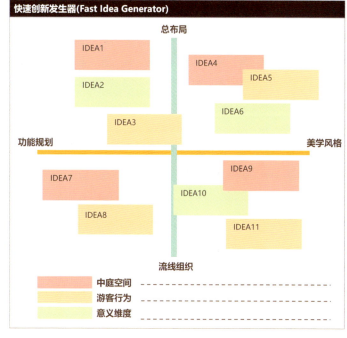

图6-11　快速创意发生器工具

意方案。

使用注意事项：此工具使用的一个重要原则就是快速。通过头脑风暴等思维发散性方法，在快速创意发生器的指引下，获得大量的新创意。在此工具的使用过程中，建议设计人员从不同角度来获取新创意。再和大量的中庭空间设计常规性思路对比，可对原设计方案做精细化的创新变革。此外，在使用快速创意发生器之前，设计人员应该对中庭空间的运营主题、功能分布、期望效果有清晰的界定，避免快速创意方案过于偏离设计项目的最初愿景。

3. 概念发散图

在获得一个中庭空间设计概念的基础上，通过概念发散出若干个不同方向的子概念。通常在确定了邮轮主题和中庭风格后，设计人员可以基于某个设计方案提出更多的新概念，这种从主设计方案进行的思维发散能够为设计人员提供更为合理的创新扩展目标。此外，设计人员也可使用概念发散图沿着中庭空间背景分析资料做深入的创新推导。在具体的中庭空间设计方案推演过程中，概念发散图可有效替代思维导图之类的工具，实现设计人员对中庭空间、材料、色彩、风格设计的逐步推演（图6-12）。

使用注意事项：这种由设计机会点扩散到新概念的思维路径使得设计人员思路更为清晰的同时，也容易造成设计概念的同质化。因此，在使用概念发散图的过程中，应该追

求"形散神聚"的效果。不苛求发散的概念和原来的概念有内在关联，重点是发散的概念能不能带来中庭空间设计的创新。具体至设计层面，应该在主要设计概念的基础上，对设计概念的关联方式及具体形式进行更多探讨。

4. 物理元素搭配表

物理元素搭配表通过具体分析中庭空间物理元素的搭配、组合、触点等，形成物理元素选择的具体化描述（图6-13），有助于设计人员对走廊、景观楼梯、观光电梯、梯道环围、梯道、金属栏杆、玻璃栏板、地毯、灯具、配饰等物理元素在中庭空间的合理搭配。物理元素搭配表涉及选取元素的图片、型材/型号、供应商、搭配方式和特殊要求。设计人员可以借用不同含义的图像、文字及颜色给物理元素打上标签，在中庭空间平面上标注物理元素的使用类型。另外，根据中庭空间效果图，将物理元素按照预期效果进行可视化绘制。

使用注意事项：物理元素搭配表是对实际设计过程中中庭物理元素组合方式的可视化表达。因此在使用过程中合理选择需要的物理元素非常重要。此外，对选中的物理元素尽可能做到型材、型号、供应、特殊要求等的标注清晰。在具体的物理元素搭配表中，要统一设计语言，统一图像、文字及颜色所表达的含义，必要时对有特殊要求的物理元素做出相关图示说明。物理元素搭配表的文字部分要尽可能概

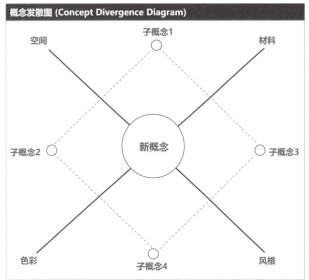

图6-12 概念发散图工具

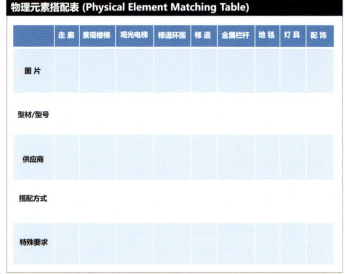

图6-13 物理元素搭配表

况精简，突出关键词，对中庭空间效果有决定性影响的元素应该重点说明。

5. 设计效果图

中庭空间设计效果图是设计人员表达创意构思的途径，它主要反映了中庭空间设计模型风格层的内容。设计人员运用 3D 软件、船舶设计软件，将对中庭空间风格的构思进行具象化表述。通过设计效果图，可以对中庭空间内的造型、色彩、材料、结构、布局、流线等因素全面展示。设计效果图可以真实地诠释设计人员的想法和创意，也成了设计人员、船东、结构工程师之间沟通的媒介，使相关人员可以清楚地了解中庭空间设计风格和效果特征。

使用注意事项：设计效果图的使用不能太过机械。设计人员可以先画出初稿，根据多次修正完善的初稿再进一步绘制中庭空间设计效果图。设计人员需要参考邮轮总效果图的规范要求，特别是设计形式、风格的统一性。在不能熟练完成中庭整体设计效果图之前，可以先从小的项目开始练习。不能为了效果图美观而忽视中庭空间实际情况，导致设计方案的不可行。设计效果图只是展示设计人员创意思维的表达方式，从根本上要着眼于设计可行性和约束性。

四、测试与优化类工具

测试与优化类工具主要聚焦于设计验证和版本迭代。基于中庭空间设计模型的特点以及优化程序的要求，本书确定了指标选择问卷、指标权重计算器、意义维度雷达图、目标评估表、优化设计表这五个测试与优化类工具。

1. 指标选择问卷

获取指标是开展中庭空间设计模型中意义层测度的前提。指标的选择需要根据邮轮设计指标、中庭定位、商业运营等，结合严谨的科学态度和专业的设计知识，同时遵循国际船级社规范，制定科学合理的指标选择问卷。通过使用指标选择问卷，收集船东、邮轮工作人员、运营人员、建造人员、游客对设计方案的个体判断（图 6-14）。在指标选择问卷的制定过程中，也可以获取对已有设计方案的深入理解和细节的取舍。指标选择问卷可以帮助设计人员更好地了解不同利益相关者对设计方案的态度，再到意义层进行修正。

指标选择问卷 (Index Selection Questionnaire)			
序号	指标	选择的理由	对应数值
1	指标 1		
2	指标 2		
3	指标 3		
4	指标 4		
5	指标 5		
6	指标 6		

测评人类型：　　　　中庭定位：

商业运营：　　　　　测评结果：

图 6-14　指标选择问卷

使用注意事项：首先要明确的是不同利益相关者对中庭设计方案所提出的指标要求千差万别，因此要综合各个领域的信息，也要突出专家用户的建议。为了使意义层评估指标相对集中，在问卷的发放过程中，可以结合中庭空间设计方案扩大指标库以供参考。基于已制定好的指标项，被测试者和设计人员最好有一定的结果反馈，以获得更多的测试结果。此外，结合利益相关者制定指标选择问卷只是第一步，还需要从意义层的视角出发，全方位评估中庭空间设计方案是否符合指标要求。

2. 指标权重计算器

指标权重计算器需要结合指标选择问卷使用，计算权重需要具备专业的数学知识。设计人员并不是全部具备这类知识，并且在用数学工具对中庭空间设计方案意义层指标进行评估时，会耗费大量的时间。针对上述问题，为了方便设计人员对设计方案的测试与优化，在代码开源的基础上，指标权重计算器构建了相关算法和数列矩阵，通过输入指标选择问卷所得的数据，用计算器得出每个指标背后的权重数值（图 6-15），为中庭空间设计方案测试指标的可视化效果绘制奠定基础。

使用注意事项：首先要确保指标选择问卷数据的真实性和完整性。数据要全部来源于有效的测评问卷，不能对数

指标权重计算器 (Indicator Weight Calculator)

得分:	点击计算		计算过程备注:	_____
权重占比:	点击计算		指标权重备注:	_____
比值数:	点击计算		计算人/日期:	_____

指标内容	得分	权重占比	比值数
指标 1	0	0%	0
指标 2	0	0%	0
指标 3	0	0%	0
指标 4	0	0%	0
指标 5	0	0%	0
总评分:			

特征向量:

结果说明:

图 6-15　指标权重计算器

据进行增加和删减。指标权重计算器得出的结果只是一种参考，它主要是聚焦于中庭空间设计模型意义层的测评分析。在指标选择问卷回收后，可以基于中庭空间多个设计方案分批次完成权重的计算。为了确保此工具使用的科学性，要求使用人员具备基本的数学知识和数据分析能力。

3. 意义维度雷达图

通过具体的中庭空间设计方案，意义维度雷达图可以完成对物理层、连接层、行为层、资本层、风格层的表达形式可视化（图 6-16）。基于这些层级，可以展示出意义层

在设计方案中的呈现形式。通过意义维度雷达图，设计人员能测试出中庭空间设计模型的应用情境。意义维度雷达图可以明确中庭空间设计的意义问题，评估社交性、共享性特征。

使用注意事项：虽然意义维度雷达图采用的是设计人员和测试人员主观判断得出的数据，但其对中庭空间设计模型整体表现作出的判断仍有价值。在意义维度雷达图的使用过程中，需要注意的是不应只重视物理层、连接层、行为层、资本层、风格层评价参数可视化的效果，而忽略了中庭空间设计模型背后所呈现的意义属性，可通过工作坊的形式增加利益相关人员的讨论次数，以避免太过片面的意义层分析。

4. 目标评估表

目标评估表的目标是为后续中庭空间设计方案定量评估奠定基础。通过对物理层、连接层、行为层、资本层、风格层、意义层的具体内容与相关评价标准进行逐条比对，在此基础上，完成目标评估表（图 6-17）。此工具是方便设计人员检查设计方案所用，对于目标评估表的结论，应该视为设计方案优化的参考，而不是强制性的要求。因此，目标评估表对基于中庭空间设计模型的中庭空间设计方案评估结论多为建议性的优化意见，可视为从目标角度出发，进行的一种自我检查。

使用注意事项：由于目标评估表主观性较强，可以采用中庭总设计师判断为主、其他利益相关人员判断为辅的策

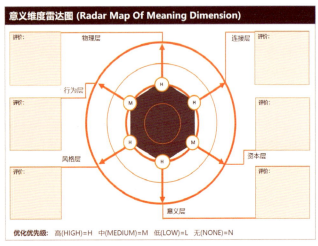

意义维度雷达图 (Radar Map Of Meaning Dimension)

优化优先级：高(HIGH)=H　中(MEDIUM)=M　低(LOW)=L　无(NONE)=N

图 6-16　意义维度雷达图

目标评估表 (Objective Evaluation Table)

层级选择
物理层

目标内容列表　　　　　　　　评估内容（根据左侧的目标内容，在下面框内填写评估内容）

目标1内容：

1.目标1内容第1项要求；
2.目标1内容第2项要求；
3.目标1内容第3项要求；
4.目标1内容第4项要求；
5.目标1内容第5项要求；
6.目标1内容第6项要求；
7.目标1内容第7项要求；
8.目标1内容第8项要求；

| 评估方向 1 | 评估方向 2 | 评估方向 3 | 评估方向 4 | 评估方向 5 | 评估方向 6 |

图 6-17　目标评估表

略。在保证目标评估表主要定性结论来自设计人员的前提下，再结合不同背景的游客意见作出综合评估。需要注意的是，目标评估并非一成不变，针对不同邮轮中庭空间，其具体的定位和要求都是不断发生变化的。因此需要特别注意每一个中庭空间设计方案评估的目标差异性。在使用目标评估表对中庭空间设计方案进行评估时，尤其需要充分参考除游客外的利益相关者的反馈信息。

5. 优化设计表

优化设计表能及时检查中庭空间设计方案与相关预期要求之间的差距和矛盾点（图 6-18）。优化设计表将逐条比对预期要求，对不符合预期要求的部分进行再次优化设计。优化设计表结合测试类工具，实现了"测试—优化"的全链路过程，针对前期设计方案的不足之处进行具体的修改。通过洞察矛盾点与优化设计的对接，明确前期设计方案需要改进的地方，并进行深入优化，使得中庭空间设计模型驱动下的设计方案更具有落地性和创新性。

使用注意事项：优化设计表的使用首先需要明确优化的方向，设计人员可通过工作坊和线上会议的形式多次集体讨论设计方案如何优化。其次，优化设计表对设计方案的优化不是一蹴而就的，而是促使设计方案经过多次反复的修改。优化设计表的使用要突出设计方案优化的优先级顺序，重点落脚于中庭空间设计模型中六个层级内容。

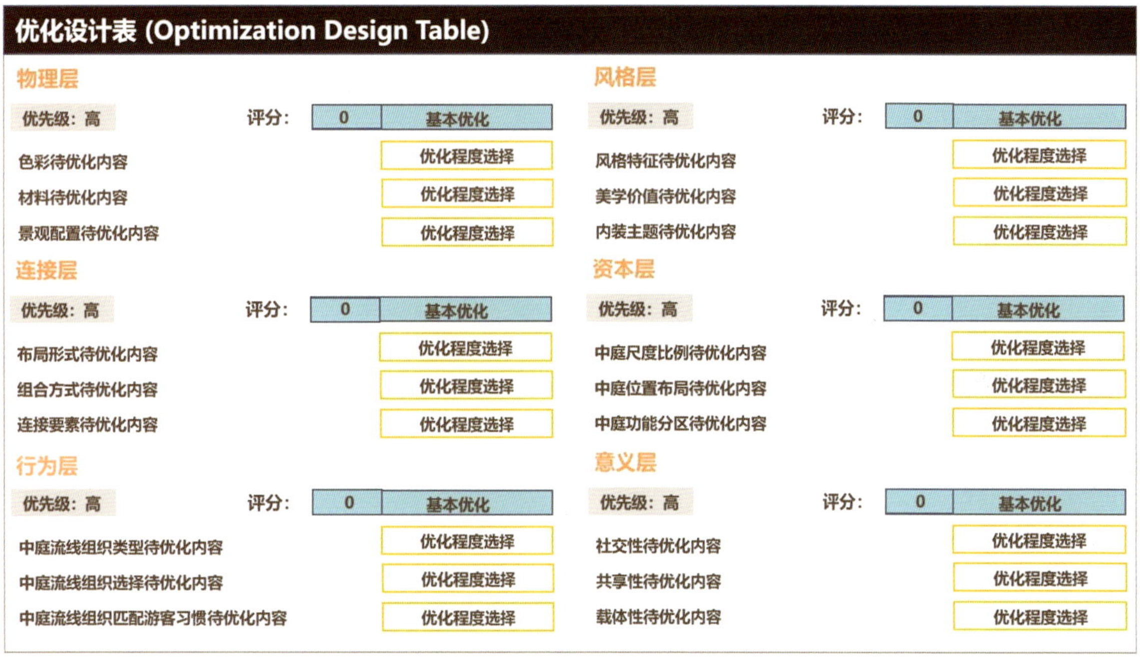

图 6-18 优化设计表

第四节 本章小结

本章从设计类模型建构理论视角出发，涵盖中庭空间环境设计、中庭空间规划设计、中庭空间流线设计流程，构建大型邮轮中庭空间设计模型。中庭空间设计模型是贯穿大型邮轮中庭设计流程各阶段设计任务的全链路模型，以三维框架的形式存在。此外，本章还介绍了中庭空间设计模型的内容、设计程序及相关支持工具。

首先，围绕本书提出的物理模块（中庭物理属性）、功能模块（中庭布局与功能组合）、交互模块（中庭空间流线）内容，再基于意义模块，构建了面向大型邮轮中庭空间的设计模型，并介绍了主要功能模块的内容。基于这些模块对中庭空间设计模型建构的影响，得出指导设计实践的中庭空间设计模型建构层级，即物理层、连接层、风格层、资本层、行为层、意义层。本书将中庭空间设计模型内的六个层级归纳在中庭环境维度、游客行为偏好维度、意义维度之中。基于中庭空间设计模型，可以进行大型邮轮中庭空间设计并将其复合功能进行优化，这也为大型邮轮设计人员提供参考。

其次，通过中庭空间设计模型引出三段式设计程序，即"分析""设计""修正"。第一段式分析程序主要涉及资本层、连接层、行为层；第二段式设计程序主要涉及物理层、风格层；第三段式修正程序主要涉及意义层。这三个阶段以时间先后进行了划分，没有绝对的界线，三个阶段的内容可以相互关联，完成全链路的中庭空间设计。

同时，为了更好地支持中庭空间设计模型在中庭空间设计中的应用，但又不增加设计师的负担，本书作者联合武汉理工大邮轮美学设计研究团队共同探讨了相关支持工具。在船舶室内设计工具基础上，进一步归纳了支持中庭空间设计模型的 15 个支持工具。经过设计实践过程中对工具模型的推广，这类支持工具已经在设计实践和课程教学中得到检验与修正，对中庭空间设计模型的支持作用也获得了认可，可作为大型邮轮中庭空间设计方法的一种补充。

结语

> 只有亲历遥远的世界并近观之，才能即便身在遥远，也能看见它近在指掌的模样。——彼得－克劳斯·舒斯特

第一节　主要研究内容

梳理全书对"大型邮轮中庭空间设计"的具体研究，可将其主要内容按章节归纳如下：

第一章介绍了研究背景。近年来，选择大型邮轮旅行的游客数量一直保持着高速的增长，大型邮轮是推进"一带一路"国之相交、民心相通的有效载体。中庭空间是大型邮轮旅行中重要的公共空间，集众多优点于一身，已经演变成容纳休闲、售卖、艺术展示等活动的复合功能空间，成为大型邮轮室内设计的重点。国内游客对现役邮轮中庭设计不适应和文化矛盾的事件屡见报端，十分有必要对中庭空间进行详细的分析研究。然而，国内关于大型邮轮中庭空间的研究还处于起步阶段，随着国内邮轮产业的快速发展，提高国产大型邮轮中庭空间的设计竞争力迫在眉睫。如何为今后国产大型邮轮中庭空间设计研究提供理论和实践支撑，开拓研究视野，是亟待解决的重要课题。因此，需要对大型邮轮中庭空间和游客行为路径进行深入分析，不能照搬国外的设计方案，更不能把陆地建筑中庭空间的设计法则直接照搬到邮轮上。在此大背景环境下，本书着眼于支撑首制船设计建造所必需的邮轮中庭设计内容展开研究工作。

第二章梳理了大型邮轮发展概况，进一步凝练大型邮轮中庭空间的概念，最后对大型邮轮中庭空间的形式与尺度、布局与运营展开分析。在中庭设计方面，海洋君主号邮轮中庭首先尝试将分流游客、功能使用及卓越的空间表现力结合在一起。这个巨型中庭很大程度上缓解了游客由孤立狭窄的空间带来的不适感，使游客感受到大型邮轮的魅力。这类巨型中庭成为后来多数大型邮轮的标准配置。此外，大型邮轮中庭形式多种多样，其平面主要为椭圆形、方形、矩形、流线形、圆形等。2005 年后建造的大型邮轮中庭面积所占比例都在 13% 以上，平均中庭面积所占比例为 15.7%，大型邮轮中庭层数多数为 2~4 层。方形中庭及圆形中庭的平均宽度为 23.1m，平均面积为 536m²；流线形中庭、矩形中庭和椭圆形中庭的平均宽度为 28m，平均长度为 57m，平均面积为 583m²。其次，通过对国外大型邮轮中庭空间布局设计的归纳和总结，中庭空间主要布局形式分为三种，即贯穿式、聚心式和复合式。最后，大型邮轮中庭空间的风格特点

会随着邮轮运营主题的变化而调整，会综合参考航区、面向主流游客的行为偏好、邮轮公司运营理念等因素。

第三章首先研究了大型邮轮中庭空间环境设计，包括风格形式设计、材料应用设计、色彩搭配设计。风格形式是对物理环境直观的反映，也是所有物质元素的聚合，风格形式展现出的特征直接映入游客的视觉感官。大型邮轮中庭空间风格形式分为三类：新古典主义、新航区主义和新现代主义。其次，从材料因素入手，对大型邮轮中庭空间不同风格的材料应用进行了分析，总结中庭空间材料使用特点和规律。与陆地建筑材料不同的是，大型邮轮舱室内的材料首先应满足国际海事组织和《国际海上人命安全公约》的法律法规要求，其次要获得国际船级社协会的认证，并具有国家级认证机构出具的材料认证证书。这些要求使得大型邮轮材料的选择比陆地建筑更为严格。最后，从色彩搭配设计视角入手，基于色彩数据分析软件对大型邮轮中庭空间色彩进行研究，归纳其对大型邮轮中庭空间环境设计的影响。

第四章研究大型邮轮中庭空间规划设计，分析了大型邮轮中庭空间功能的规划，涵盖中庭空间观赏类休闲区域、餐饮类休憩区域、商业类活动区域。从大型邮轮总布置和总规划设计来看，整个大型邮轮可以看作是一个大空间，中庭空间是大型邮轮的一个相对独立的子空间。中庭空间由一系列的功能区域组成。大型邮轮中庭空间规划，受到规则、资本、行为偏好、总布置要求的影响。中庭空间尺度比例，不仅要遵循船级社规范，而且受到大型邮轮舱室尺寸要求的制约。尺度比例偏小的中庭空间，容易形成温馨和宁静的气氛；尺度比例偏大的中庭空间，则会给游客一种宏伟壮观的视觉效果。在 L/H 与中庭空间效果对应的基础上，中庭空间功能区域之间、各单元之间、功能区域与游客之间都应该有适宜、合乎船级社规范的尺度关系。

第五章研究了大型邮轮中庭空间流线设计。游客行为偏好在中庭空间流线建构中发挥了主导作用，成为推动中庭空间流线形成的重要动力。游客行为偏好是中庭空间流线设计的重要参考依据，也是中庭空间流线优化的方向。游客行为偏好引导着大型邮轮中庭空间流线布置，设计师要基于对游客行为偏好的分析布置中庭空间流线。在此基础上，探讨了中庭空间流线组织类型、设计原则、设计策略以及总布置设计。本章以游客在中庭内的五种行为偏好为基础，结合大型邮轮功能布置特点，将中庭空间流线组织类型归纳为双重串联式、双重放射式、树状综合式、核心分散式及汇合式。这些中庭空间流线的基本要求都是清晰明确、避免多重交叉、满足相应游客行为偏好，并且具有一定的引导性。在此背景下，将中庭空间流线设计原则归纳为主次设计原则、可选择性设计原则、变化性设计原则。

第六章基于上述章节的研究内容，研究了大型邮轮中庭空间设计模型的建构与应用，并介绍了中庭空间设计模型的使用程序及相关支持工具。围绕物理模块（中庭物理属性）、功能模块（中庭布局与功能组合）、交互模块（中庭空间流线）内容，再基于意义模块，构建了面向大型邮轮中庭空间的设计模型。为了更好地支持中庭空间设计模型在中庭空间设计中的应用，但又不增加设计师的负担，本书作者联合武汉理工大学邮轮美学设计研究团队共同探讨了相关支持工具。在船舶室内设计工具基础上，进一步归纳了支持中庭空间设计模型的 15 个工具，为后续国内首制邮轮中庭空间设计提供了指导和参考，也为邮轮空间的设计与优化提供了新的设计方法的选择。

第二节　反思与展望

值得注意的是，大型邮轮中庭空间设计所涉及的学科领域较多，同时工业设计和船舶制造技术的发展速度很快，我国关于大型邮轮中庭空间设计还处在初步探索阶段。本书关于大型邮轮中庭空间的设计研究有一定的突破和创新，但回顾整个研究过程，仍然存在一些不足，未来还将继续深入研究，主要包括：

针对中庭空间设计模型助力中庭空间的设计实践验证，还需要进一步确定更为完善、稳定、科学的方法。对于设计验证过程中的项目选择、验证方法、验证过程的把控以及验证结果的评定仍需要进一步推敲。由于设计验证过程涉及大型邮轮从建造到船坞下水运行，所需要的时间周期比较长，因此应尽可能减少验证过程中过多主观性的评判方法，而加入更多的船级社评价体系，以期让下一步的设计研究获得较为客观的数据和实践结果，这也为中庭空间设计模型进一步的推广打下了坚实的基础。

关于大型邮轮中庭空间设计方面，影响因素众多，有可能会遗漏某些有价值的切入点。本书试图从多学科协同交叉的视角去分析大型邮轮中庭空间设计，但邮轮系统太过复杂，主观性的研究切入点也可能导致疏漏，还有一些需要完善的地方。如在模型工具建构中仅仅重点关注了"物理模块、功能模块、交互模块、意义模块"这四个方面。因而接下来的研究会在本书研究现有的基础上，查漏补缺，进一步提高研究的成熟度。

在研究方法上，笔者希望能继续运用更多的设计学、社会学、船舶学的研究方法，同时借鉴科学的调研方法，对大型邮轮中庭空间的实际使用过程作出更为深入和具体的调研，以确保产生更多深入的成果。

总之，随着现代邮轮设计和建造水平的提高，邮轮内的中庭空间也逐步从相对单一的功能空间演变成具有艺术展示、售卖、休闲等活动的复合功能空间。因此，中庭空间除了具有其本身的功能外，也成了凸显特色、展现品质的标志性空间，成为大型邮轮室内设计的重中之重。所以，提高国内大型邮轮中庭空间的设计水平需要多年的迭代，并且需要长期的及设计界和船舶界广泛参与的研究工作，需要一代又一代相关领域的研究人员持续钻研。

参考文献

一、英文参考文献

[1] SAUNDERS A. Giants of the Sea：The Ships that Transformed Modern Cruising [M]. Barnsley：Seaforth Publishing，2013.

[2] MORSHED A. The Cultural Politics of Aerial Vision：Le Corbusier in Brazil[J]. Journal of Architectural Education，2002，55(4)：201-210.

[3] PARNYAKOV A. Innovation and Design of Cruise Ships [J]. Pacific Science Review，2014，16(4)：280-282.

[4] ALDAWOUD A，CLARK R. Comparative Analysis of Energy Performance between Courtyard and Atrium in Buildings[J]. Energy & Buildings，2008，40(3)：209-214.

[5] AHMAD M，RASDI M. Design Principles of Atrium Buildings for the Tropics[M]. Johor Bahru：Penerbit Utm Press，2000.

[6] MARTIN R. The Opposable Mind：How Successful Leaders Win through Integrative Thinking [M]. Harvard：Harvard Business Review Press，2009.

[7] AGREN R，WING R D.Five Moments in the History of Industrialized Building[J]. Construction Management and Economics，2014，32(1-2)：7-15.

[8] RIGOTTI A M. Le Corbusier and a New Structural System as the Germ of the Modern Grammar[J]. Journal of Civil Engineering and Architecture，2017，11(7)：677-690.

[9] AGRAFIOTI F，HATZINAKOS D，ANDERSON A K. ECG Pattern Analysis for Emotion Detection[C]. IEEE Transactions on Affective Computing 3，2012：102-115.

[10] SICCHIERO M，SIDARI M，LIGUORI V，et al. Interaction between Industry and Class Societies in Cruise Ships Structural Design：A Positive Fincantieri Experience[M]. London：IOS Press，2018.

[11] RUBINRAUT A. The Space Cruise over the Route "Earth-Mars-Earth"[J]. Advances in Aerospace Science and Technology 2018，3(2)：79-85.

[12] RADIC A. What's Eating Cruise Ship Employees: Exploring Dimensions of Engagement[J]. Australian Journal of Maritime & Ocean Affairs, 2017, 9(3): 182-190.

[13] DRESCH A, LACERDA D P. Design Science Research: A Method for Science and Technology Advancement[M]. Switzerland: Springer International Publishing, 2015.

[14] SINHA A, MILLHISER W P, HE Y J. Matching Supply with Demand in Supply Chain Management Education[J]. The International Journal of Logistics Management, 2016, 27(3): 111-117.

[15] COGGINS A. The Globalization of the Cruise Industry: A Tale of Ships[J]. Worldwide Hospitality and Tourism Themes, 2014, 6 (2): 34-36.

[16] BALOGLU S, HENTHORNE T L, SAHIN S. Destination Image and Brand Personality of Jamaica: A Model of Tourist Behavior [J]. Journal of Travel & Tourism Marketing, 2014, 31(8): 1057-1070.

[17] BENNETT R. "Ba" as a Determinant of Salesforce Effectiveness: An Empirical Assessment of the Applicability of the Nonaka-Takeuchi Model to the Management of the Selling Function[J]. Marketing Intelligence & Planning, 2001, 19(3): 188-199.

[18] CHUA B L, LEE S, HAN H. Consequences of Cruise Line Involvement: A Comparison of First-time and Repeat Passengers[J]. International Journal of Contemporary Hospitality Management, 2017, 29(6): 46-49.

[19] HUANG T, JOSIAM B M, SPEARS D L, et al. Understanding Ethnic Chinese Travelers on North American Cruise Tours: Motivations, Perceptions, and Satisfaction of Cruisers [J]. Journal of China Tourism Research, 2009(5): 77-101.

[20] CHEN B, KANG J. Acoustic Comfort in Shopping Mall Atrium Spaces—A Case Study in Sheffield Meadowhall[J]. Architectural Science Review, 2004, 47(2): 107-114.

[21] MOGGRIDGE B. Designing Interactions[M]. Boston: The MIT Press: 2007.

[22] BUXTON B. Sketching User Experiences [M]. San Francisco: Morgan Kaufinann, 2007.

[23] BITNER M J. Evaluating Service Encounters: The Effects of Physical Surroundings and Employee Responses [J]. Journal of Marketing, 1990, 54(2): 69-82.

[24] BRUCE S, BLUMER H. Symbolic interactionism: Perspective and method[M]. California: University of California Press, 1988.

[25] BUCHANAN R. Wicked Problems in Design Thinking[J]. Design Issues, 1992, 8(2): 5-21.

[26] CARLSON C, FIREMAN H. General Arrangement Design Computer System and Methodology[J]. Naval Engineer Journal, 1987, 99(3): 261-273.

[27] CALCAGNI B, PARONCINI M. Daylight Factor Prediction in Atria Building Designs [J]. Solar Energy, 2004, 76(6): 669-682.

[28] CASTILLO G. Le Corbusier and the Skyscraper Primitives[J]. Architectural Theory Review, 2013, 18(1): 28-29.

[29] COOK M B, BHAMRA T A, LEMON M. The Transfer and Application of Product Service Systems: From Academia to UK Manufacturing Firms[J]. Journal of Cleaner Production, 2006, 14(17): 1455-1465.

[30] MCFADDEN C. Crossing in Style: Interwar Ocean Liner Design[J]. Senior Projects Spring, 2013(7): 89-95.

[31] CHEN C F, TSAI D C. How Destination Image and Evaluation Factors Affect Behavioral Intention?[J]. Tourism Management, 2007, 28(4): 1115-1122.

[32] CHUA B L, GOH B, HUFFMAN L, et al. Cruise Passengers' Perception of Key Quality Attributes

of Cruise Lines in North America[J]. Journal of Hospitality Marketing & Management, 2016, 25(3): 346-371.

[33] SPENCER C.Designing the Person: Sociological Assumptions Embodied within the Architecture of Charles Rennie Mackintosh and Le Corbusier[J]. Irish Journal of Sociology, 2005 (14): 141.

[34] CASAREALE C, BERNARDINI G, BARTOLUCCI A, et al. Cruise Ships Like Buildings: Wayfinding Solutions to Improve Emergency Evacuation [J]. Building Simulation, 2017(10): 989-1003.

[35] BAJIC D. Structural Design of Passenger Cruise Ships—An Introduction to Classification Requirements[J]. Ships and Offshore Structures, 2015, 10(3): 76-78.

[36] DEWEY J. Art as Experience[M]. London: Penguin, 2005.

[37] HUTCHINGS D F, KERBRECH R. RMS Titanic Owners' Workshop Manual: 1909-12 (Olympic Class)[M]. Duluth: Zenith Press, 2011.

[38] FAN D, QIU H, HSU C, et al. Comparing Motivations and Intentions of Potential Cruise Passengers from Different Demographic Groups: The Case of China [J]. Journal of China Tourism Research, 2015, 11(4): 461-480.

[39] TOUDERT D, BRINGAS-RÁBAGO N. Impact of the Destination Image on Cruise Repeater's Experience and Intention at the Visited Port of Call[J]. Ocean and Coastal Management, 2016: 130-134.

[40] MANZINI E, Rizzo F. Small Projects/Large Changes: Participatory Design as an Open Participated Process[J]. CoDesign, 2011, 7(3-4): 199-215.

[41] ETLIN R A. Le Corbusier, Choisy, and French Hellenism: The Search for a New Architecture[J]. Art Bulletin, 1987, 69(2): 264-278.

[42] EYBEN F, WOLLMER M, SCHULLER B. OpenSMILE: The Munich Versatile and Fast Open-Source Audio Feature Extractor[C]. Florence: Proceedings of ACM Multimedia (MM). Florence, Italy, 2010: 1459-1462.

[43] JORGE F. Information Design as Principled Action: Making Information Accessible, Relevant, Understandable, and Usable[M]. Champaign, Illinois, USA: Common Ground Publishing, 2015.

[44] PINNOC F.The Future of Tourism in an Emerging Economy: The Reality of the Cruise Industry in Caribbean[J]. Worldwide Hospitality and Tourism Themes, 2014, 6 (2): 70-74.

[45] FIJALKOWSKI K. "Complications and Attacks on the Beauty of Unity": Le Corbusier and Louis Soutter[J]. Art History, 2017(5): 1054-1056.

[46] FREDMAN P, ROMILD U, YUAN M, et al. Latent Demand and Time Contextual Constraints to Outdoor Recreation in Sweden[J]. Forests, 2011, 3(4): 1-21.

[47] FENG H, FU Y L.Pipe-Routing Algorithm for Pipelines with Branches[J].Applied Mechanics and Materials, 2008, 12: 430-434.

[48] GABE T M, LYNCH C P, MCCONNON J C. Likelihood of Cruise Ship Passengers Return to a Visited Port: The Case of Bar Harbor, Maine[J]. Journal of Travel Research, 2006, 44(3): 281-287.

[49] GRÖNROOS C. Adopting a Service Logic for Marketing[J]. Marketing Theory, 2006, 6(3): 317-333.

[50] GOURNAY I J. France Discovers America 1917-1939 (French writings on American architecture)[D]. New Haven: Yale University, 1989.

[51] WANG G, ZENG Q, QU C R, et al. A Game Theory Application of a Cruise Value Chain—the Case of China[J]. Maritime Business Review, 2018, 3(2): 122-123.

[52] HUNG K, PETRICK J F. The Role of Self

and Functional Congruity in Cruising Intentions [J]. Journal of Travel Research, 2011, 50(1): 100-112.

[53] HOU Y H, HUANG S. Ship Cabin Layout Design Based on Distributional Robust Optimization under Moment Uncertainty[J]. Ship Engineering, 2016(5): 79-82.

[54] HOLFORD J, HUNT G. Fundamental Atrium Design for Natural Ventilation[J]. Building and Environment, 2003, 38(3): 409-426.

[55] YU H. Encoding Complex Data in Popular Science Genetics Illustrations[J]. Information Design Journal, 2016, 21(3): 189-206.

[56] MEIRELLES I. Design for Information[M]. Beverly: Rockport Publishers, 2016.

[57] NIELSEN J. Usability Engineering[M]. California: Morgn Kaufmann Press, 1993.

[58] DAHMUS J B, GONZALEZ-ZUGASTI J P, OTTO K N.Modular Product Architecture[J]. Design Studies, 2001, 22(5): 409-424.

[59] JO J H, JONAS W.Quantifying Aesthetic Preferences in Cruise Ship Exterior Design [J].Springer International Publishing, 2016(10): 127-138.

[60] KAPUR V. Learning from Chandigarh: Hybridity, Different Moments, Diverse Effects[D]. Philadelphia: University of Pennsylvania, 2001.

[61] DOKKUM K. Ship Knowledge: Ship Design, Construction and Operation [M]. Enkhuizen: Dokmar Maritime, 2005.

[62] LANZ F. The Interior Decoration of Ocean Liners: A Chapter in Italian Design History[J]. Interiors, 2012, 3(3): 247-269.

[63] LEFEBVRE H.The Production of Space [M]. Translated by Nicholson-Smith D.Oxford: Blackwell, 1991.

[64] FU L, XU G, ZHANG S. Electroencephalogram Characteristics Induced by Different Magnetic Stimulation Modes of Acupuncture Point[J]. IEEE Transactions on Magnetics, 2019, 55(6): 6-9.

[65] MARCUS A. Mobile persuasion design: changing behavior by combining persuasion design with information design[M]. London: Springer, 2015.

[66] AHOLA M. Perceiving safety in passenger ships—User studies in an authentic environment [J]. Safety Science, 2014(5): 222-232.

[67] MEI H, KANG J. An experimental study of the sound field in a large atrium[J]. Building & Environment, 2012, 58(58): 91-102.

[68] MCLEOD M. Urbanism and Utopia: Le Corbusier From Regional Syndicalism to Vichy[D]. Princeton : Princeton University, 1985.

[69] NAEGELE D. Le Corbusier's Seeing Things: Ambiguity and Illusion in the Representation of Modern Architecture [D]. Philadelphia: University of Pennsylvania, 1996.

[70] ND P B, GILMORE J H. Welcome to the Experience Economy[J]. Harvard Business Review, 1998, 76(4): 97-105.

[71] WALDMEIR P. On Board China's First Luxury Cruise Liner [J]. Financial Times, 2013(7): 63-68.

[72] PARASURAMAN A, GREWAL D. The Impact of Technology on the Quality-Value-Loyalty Chain: A Research Agenda[J]. Journal of the Academy of Marketing Science, 2000, 28(1): 168-174.

[73] BOURDIEU P, WACQUANT L. An Invitation to Reflexive Sociology [M].Chicago: The University of Chicago Press, 1992.

[74] QUARTERMAINE P, PETER B. Cruise: Identity, Design and Culture [M]. Milan: Rizzoli, 2006.

[75] ANDY P. Ship Decoration1630-1780[M]. Casemate: Seaforth Publishing, 1988.

[76] DAWSON P. PETER B. Ship Style: Modernism and Modernity at Sea in the 20th Century

[M]．Conway：Conway Press，2011．

[77] PATRICK J.A Generative Evolutionary Design Method[J].Digital Creativity，2006，17(1)：49-51．

[78] ROMANO P，FORMENTINI M，BANDERA C，et al.Value Analysis as a Decision Support Tool in Cruise Ship Design[J].International Journal of Production Research，2010，48(23)：6939-6958．

[79] PEARCE P．The Functions and Planning of Visitor Centres in Regional Tourism[J]．The Journal of Tourism Studies，2004，15(1)：8-17．

[80] KOOLHAAS R，BOERI S，KWINTER S，et al. Mutations [M]．America：Actar，2001．

[81] ROWLEY E．Le Corbusier：The Art of Architecture[J]．Journal of Architectural Education，2009(1)：147-149．

[82] ROGERS E．Atrium and Peristylhouse in Antike[M]．New Heaven：Yale University Press，2003：128-139．

[83] SHIN B Y．A Study on the Organic Thought in the Works of Le Corbusier，Venturi，and Lynn [J]．Journal of Asian Architecture and Building Engineering，2009(2)：315-322．

[84] PAYNE S．RMS Queen Mary 2 Manual：An Insight into the Design，Construction and Operation of the World's Largest Ocean Liner [M].North Cadburg：Haynes Publishing，2013．

[85] SHANNON G J．Le Corbusier and the daughter of light：Color and architecture of the 1920s [D]．Arlington：The University of Texas at Arlington，2009．

[86] SPOHRER J，MAGLIO P P，BAILEY J，et al. Steps toward a Science of Service Systems[J]. Computer，2007，40(1)：71-77．

[87] TEZDOGAN T，NCECIK A，TURAN O． Operability Assessment of High Speed Passenger Ships Based on Human Comfort Criteria[J]．Ocean Engineering，2014(10)：32-52．

[88] ACKER W．Architectural Metaphors of Knowledge：The Mundaneum Designs of Maurice Heymans，Paul Otlet，and Le Corbusier[J]．Library Trends，2013(2)：371-396．

[89] KUMAR V．101 Design Methods：A Structured Approach for Driving Innovation in Your Organization[M]．New Jersey：Wiley，2012．

[90] WANG Y L，WANG C，LIN Y．Ship Cabin Layout Optimization Design Based on the Improved Genetic Algorithm Method[J]．Applied Mechanics & Materials，2013，300-301．

[91] CURTIS W J R．Le Corbusier Ideas and Forms [M].New York：Phaidon Press，1994．

二、中文书籍

[1]（法）皮埃尔·布迪厄．艺术的法则：文学场的生成与结构 [M]．刘晖，译．北京：中央编译出版社，2001．

[2]（法）雷蒙·柯尼亚，等．现代绘画辞典[M].徐庆平，卫衍贤，译．北京：人民美术出版社，1991．

[3]（美）金伯利·伊拉姆．设计几何学：关于比例与构成的研究 [M]．李乐山，译．北京：中国水利水电出版社，2003．

[4]（英）尼古拉斯·佩夫斯纳，J．理查兹，丹尼斯·夏普．反理性主义者与理性主义者[M]．邓敬，王俊，杨矫，等译．北京：中国建筑工业出版社，2003．

[5]（日）小林克弘.建筑构成手法[M].陈志华，王小盾，译.北京：中国建筑工业出版社，2004．

[6]（挪）诺伯舒兹．场所精神：迈向建筑现象学 [M]．施植明，译．武汉：华中科技大学出版社，2010．

[7]（意）乔治娜·拜多利诺．艺术流派鉴赏方法 [M]．王占华，译．北京：北京美术摄影出版社，2016．

[8]（意）杰姆逊．后现代主义与文化理论 [M]．唐小兵，译．北京：北京大学出版社，2005．

[9]（德）汉斯·约阿西姆·施杜里希．世界哲学史 [M]．吕叔君，译．桂林：广西师范大学出版社，2016．

[10]（英）贡布里希．秩序感——装饰艺术的心理学研究 [M]．杨思梁，徐一维，范景中，译．南宁：广西美术

出版社，2015.

[11]（英）尼古拉·尼葛洛庞蒂. 数字化生存 [M]. 吕叔君，胡泳，范海燕，译. 北京：电子工业出版社，2017.

[12]（美）唐纳德·诺曼. 设计心理学 [M]. 小柯，张磊，何笑梅，等译. 北京：中信出版社，2015.

[13]（美）唐纳德·诺曼. 情感化设计 [M]. 傅秋芳，程进三，译. 北京：电子工业出版社，2005.

[14]（瑞）希格弗莱德·吉迪恩. 空间·实践·建筑：一个新传统的成长 [M]. 王锦堂，孙全文，译. 武汉：华中科技大学出版社，2014.

[15]（美）霍华德·加德纳. 智能的结构 [M]. 沈致隆，译. 杭州：浙江人民出版社，2013.

[16]（英）布莱恩·劳森. 空间的语言 [M]. 杨青娟，韩效，卢芳，等译. 北京：中国建筑工业出版社，2003.

[17]（美）阿恩海姆，等. 艺术的心理世界 [M]. 周宪，译. 北京：人民大学出版社，2003.

[18]（丹）杨·盖尔. 交往与空间 [M]. 何人可，译. 北京：中国建筑工业出版社，2002.

[19]（英）若弗雷·巴克. 建筑设计方略——形式的分析 [M]. 王玮，张宝林，王丽娟，译. 北京：中国水利水电出版社，2005.

[20]（英）杰夫·伦恩. 世界豪华邮轮 200 年 [M]. 王凯，译. 上海：上海交通大学出版社，2020.

[21]（英）英国 DK 公司. 邮轮游欧洲和地中海 [M]. 李倩，译. 北京：中国旅游出版社，2016.

[22]（英）杰森·波默罗伊. 空中庭院和空中花园：绿化城市人居 [M]. 杜宏武，王擎，译. 北京：机械工业出版社，2019.

[23]（英）理查·萨克森. 中庭建筑：开发与设计 [M]. 戴复东，吴庐生，王健强，等译. 北京：中国建筑工业出版社，1990.

[24]（美）温特斯. 建筑初步：建筑概念下的视觉思考 [M]. 谭瑛，梁文艳，译. 沈阳：辽宁科学技术出版社，2013.

[25]（英）罗杰斯. 设计：50 位最有影响力的世界设计大师 [M]. 胡齐放，译. 杭州：浙江摄影出版社，2012.

[26]（美）丹尼斯·普哈拉. 设计元素：造型与空间 [M]. 程玺，译. 北京：电子工业出版社，2015.

[27]（美）汤姆·凯利，（美）乔纳森·利特曼. 创新的十个面孔：打造企业创新的十种人 [M]. 刘金海，刘爽，周惟菁，译. 北京：知识产权出版社，2007.

[28]（美）巴克斯顿. 用户体验草图设计：正确地设计，设计得正确 [M]. 黄峰，夏方昱，黄胜山，译. 北京：电子工业出版社，2009.

[29]（美）卡尔·犹里齐，斯蒂芬·埃平格. 产品设计与开发 [M]. 詹涵菁，译. 北京：高等教育出版社，2005.

[30]（日）猪熊纯，（日）成濑友梨. 共享空间设计解剖书 [M]. 郭维，林绚锦，何轩宇，译. 南京：江苏凤凰科学技术出版社，2018.

[31]（日）芦原义信. 外部空间设计 [M]. 尹培桐，译. 南京：江苏凤凰文艺出版社，2017.

[32]（荷）代尔夫特理工大学工业设计工程学院. 设计方法与策略：代尔夫特设计指南 [M]. 倪裕伟，译. 武汉：华中科技大学出版社，2014.

[33] 顾一中. 游艇邮轮学 [M]. 武汉：华中科技大学出版社，2012.

[34] 蒋志勇，杨敏，姚震球. 船舶造型与舱室设计 [M]. 哈尔滨：哈尔滨工程大学出版社，2003.

[35] 于建中. 船艇美学与内装设计 [M]. 上海：上海交通大学出版社，2011.

[36] 初冠南，孙清洁. 现代船舶建造技术 [M]. 北京：北京大学出版社，2014

[37] 李立新. 设计艺术研究方法 [M]. 南京：江苏美术出版社，2010.

[38] 文崇一，萧新煌. 中国人的观念与行为 [M]. 北京：中国人民大学出版社，2013.

[39] 姚磊. 场域视野下民族传统文化传承的实践逻辑 [M]. 北京：人民出版社，2016.

[40] 吴玉杰. 文化场域与文学新思维 [M]. 北京：社会科学文献出版社，2013.

[41] 汪泓. 中国邮轮产业发展报告 [M]. 北京：社会科学文献出版社，2015.

[42] 孙晓东. 邮轮产业与邮轮经济 [M]. 上海：上海交通大学出版社，2014.

[43] 高宣扬. 当代法国思想五十年（下）[M]. 北京：

中国人民大学出版社，2005.

[44] 杨善华. 当代西方社会学理论 [M]. 北京：北京大学出版社，1999.

[45] 张意. 文化与符号权利：布迪厄的文化社会学导论 [M]. 北京：中国社会科学出版社，2005.

[46] 顾建光. 文化与行为：文化人类学巡礼 [M]. 成都：四川人民出版社，1988.

[47] 戴烽. 公共参与：场域视野下的观察 [M]. 北京：商务印书馆，2010.

[48] 中船第九设计研究院工程有限公司. 邮轮设计风格 [M]. 上海：同济大学出版社，2018.

[49] 中船第九设计研究院工程有限公司. 邮轮功能研究 [M]. 上海：同济大学出版社，2018.

[50] 荆其敏，荆宇辰，张丽安. 建筑空间设计 [M]. 南京：东南大学出版社，2016.

[51] 刘少杰. 国外社会学理论 [M]. 北京：高等教育出版社，2006.

[52] 薛晓源，曹荣湘. 全球化与文化资本 [M]. 北京：社会科学文献出版社，2005.

[53] 高宣扬. 布迪厄的社会理论 [M]. 上海：同济大学出版社，2004.

[54] 李砚祖. 装饰之道 [M]. 北京：中国人民大学出版社，1993.

[55] 李彬彬. 产品设计心理评价研究 [M]. 北京：中国轻工业出版社，2013.

[56] 李振华. 船舶信号与 VHF 通信 [M]. 大连：大连海事大学出版社，1998.

[57] 孙守迁，徐江，曾宪伟，等. 先进人机工程与设计：从人机工程走向人机融合 [M]. 北京：科学出版社，2016.

[58] 奚传绩. 设计艺术经典论著选读 [M]. 南京：东南大学出版社，2002.

[59] 张夫也，肇文兵，滕晓铂. 外国建筑艺术史 [M]. 长沙：湖南大学出版社，2007.

[60] 邹其昌. 宋元美学与设计思想 [M]. 北京：人民出版社，2015.

[61] 贾衡. 人与建筑环境 [M]. 北京：北京工业大学出版社，2001.

[62] 王受之. 世界现代设计史 [M]. 北京：中国青年出版社，2002.

[63] 黄丽华. 邮轮概论 [M]. 青岛：中国海洋大学出版社，2018.

[64] 何洁. 广告与视觉传达 [M]. 北京：中国轻工业出版社，2003.

[65] 肖人彬，陶振武，刘勇. 智能设计原理与技术 [M]. 北京：科学出版社，2006.

[66] 蔡自兴，（美）约翰·德尔金，龚涛. 高级专家系统：原理、设计及应用 [M]. 2 版. 北京：科学出版社，2014.

[67] 邵开文，马运义. 舰船技术与设计概论 [M]. 北京：国防工业出版社，2009.

[68] （美）程大锦. 建筑：形式、空间和秩序 [M]. 刘丛红，译. 天津：天津大学出版社，2005.

[69] 刘念雄. 购物中心开发设计与管理 [M]. 北京：中国建筑工业出版社，2001.

[70] 洪麦恩，唐颖. 现代商业空间艺术设计 [M]. 北京：中国建筑工业出版社，2006.

[71] 潘猛，李信. 超大型购物中心的空间设计 [M]. 南京：东南大学出版社，2004.

[72] 陆邵明. 建筑体验——空间中的情节 [M]. 北京：中国建筑工业出版社，2007.

[73] 王国胜. 服务设计与创新 [M]. 北京：中国建筑工业出版社，2015.

[74] 王洁. 绿色中庭建筑的设计探索 [M]. 杭州：浙江大学出版社，2010.

[75] 彭一刚. 建筑空间组合论 [M]. 3 版. 北京：中国建筑工业出版社，2008.

[76] 陈觉. 服务产品设计 [M]. 沈阳：辽宁科学技术出版社，2003.

[77] 程龙生. 服务质量评价理论与方法 [M]. 北京：中国标准出版社，2011.

[78] 戴力农. 设计调研 [M]. 北京：电子工业出版社，2016.

[79] （美）杜威. 艺术即经验 [M]. 高建平，译. 北京：商务印书馆，2005.

[80] 黄厚石. 设计原理 [M]. 南京：东南大学出版社，

2010.

[81] 纪慧生. 产品开发过程的知识创新研究 [M]. 北京: 经济管理出版社, 2013.

[82] 金立印. 服务保证的设计及其有效性: 消费者心理距离视角的实验研究 [M]. 上海: 复旦大学出版社, 2011.

[83] 巫濛. 设计的原点 [M]. 北京: 北京大学出版社, 2012.

[84] 徐磊青, 杨公侠. 环境心理学: 环境知觉和行为 [M]. 上海: 同济大学出版社, 2002.

[85] 张国全, 郭雁, 叶松青. 城市综合体设计 [M]. 上海: 同济大学出版社, 2011.

[86] 符国群. 消费者行为学 [M]. 北京: 高等教育出版社, 2020.

[87] 宗白华. 美学与意境 [M]. 北京: 人民出版社, 2009.

[88] 冯纪忠. 意境与空间: 论规划与设计 [M]. 北京: 东方出版社, 2010.

[89] 侯幼彬. 中国建筑美学 [M]. 北京: 中国建筑工业出版社, 2009.

[90] 柴彦威. 空间行为与行为空间 [M]. 南京: 东南大学出版社, 2014.

三、中文期刊

[1] 牛力. 中庭空间的认知: 关于上海市 24 个商业建筑中庭的调研 [J]. 城市建筑, 2009(5): 34-36.

[2] 李兰美, 黄斐, 陈明铭. 豪华邮轮建造特点初步分析 [J]. 造船技术, 2014(2): 10-13.

[3] 王驰明, 章新智, 郭昂, 等. 豪华邮轮空间划分设计原则 [J]. 船舶标准化工程, 2014(6): 31-35.

[4] 黄旦妮, 邱羚. 中国游客邮轮消费行为特点调研分析 [J]. 上海企业, 2014(6): 78-80.

[5] 杨倩苗, 高辉. 中庭的天然采光设计 [J]. 建筑学报, 2007(9): 68-70.

[6] 董海荣, 崔英姿, 徐开, 等. 建筑中庭光热环境与空间几何关系的研究 [J]. 扬州大学学报 (自然科学版), 2015, 18(1): 57-60.

[7] 高海燕, 余玲. 当代中国公共空间导视设计 [J]. 文艺争鸣, 2010(20): 78-80.

[8] 潘长学, 王兴宇, 张薇茹. 基于游客流线行为构建邮轮导识服务系统——以海洋量子号邮轮为例 [J]. 装饰, 2018(9): 85-87.

[9] 潘长学, 张蔚茹, 王兴宇. 用户黏度搭建与维护: 心流理论视角下大型邮轮导识系统研究 [J]. 南京艺术学院学报 (美术与设计), 2019(1): 61-65.

[10] 陈波. 豪华邮轮设计流行趋势 [J]. 中国船检, 2011(3): 54-58.

[11] 李中付, 时粉周, 丁猛, 等. 船舶舱室色彩搭配对人体生理指标的影响研究 [J]. 中华航海医学与高气压医学杂志, 2014(3): 168-173.

[12] 胡晓芳, 梁斌, 汤皓泉. 舰艇生活舱室色彩设计方法初探 [J]. 中国舰船研究, 2012(1): 52-56.

[13] 蒋旻昱. 跨文化视角下邮轮中庭空间服务设计研究 [J]. 艺术评论, 2017 (11): 170-173.

[14] 鲁晓波. 信息设计中的交互设计方法 [J]. 科技导报, 2007, 25(13): 18-21.

[15] 邵健伟, 潘长学, 邓菲洁. 基于游客行为的中国豪华邮轮个性化设计路径 [J]. 包装工程, 2018, 39(10): 140-145.

[16] 王双全, 王思豫. 中国传统文化符号在豪华邮轮内舾装中的应用探究 [J]. 美术大观, 2017(8): 130-131.

[17] 辛向阳. 交互设计: 从物理逻辑到行为逻辑 [J]. 装饰, 2015(1): 58-62.

[18] 夏叶, 刘清, 雷发林, 等. 豪华邮轮亚洲形态报告海上巴比伦 [J]. 商务旅行, 2008(6): 76-79.

[19] 杨吟兵. 情感化设计在公共空间中的运用研究 [J]. 包装工程, 2017, 38(16): 1-6.

[20] 杨新军, 牛栋, 吴必虎. 旅游行为空间模式及其评价 [J]. 经济地理, 2000(4): 105-108+117.

[21] 罗永泰, 卢政营. 基于消费者隐性需求的营销模式研究策略 [J]. 南开管理评论, 2008(4): 57-62.

[22] 苏敬勤, 崔淼. 探索性与验证性案例研究访谈问题设计: 理论与案例 [J]. 管理学报, 2011(10): 1428-1437.

[23] 席涛. 大型邮轮公共空间的信息设计方法研究 [J]. 南京艺术学院学报 (美术与设计), 2019(4): 197-199.

[24] 邓菲洁，黄思怡. 当代大型豪华邮轮功能与空间美学趋势研究 [J]. 设计艺术研究，2017，7(4)：117-121+127.

[25] 席涛，潘长学，徐洁漪. 基于邮轮用户体验的移动信息服务设计研究 [J]. 包装工程，2019，40(12)：129-133.

[26] 李茹钰，秦飞，裘馥榕. 基于共享理念的邮轮服务设计研究 [J]. 中国舰船研究，2020，15(5)：41-48.

[27] 李毅，盛兴，杨虎. 基于现代美学的巴洛克/洛可可文化元素在豪华邮轮的内装设计——以威尼斯号为例 [J]. 设计艺术研究，2020，10(5)：24-29+44.

[28] 张玉梅，吴启锐，黄山，等. 融入中国元素的邮轮功能空间与外形设计实践 [J]. 中国舰船研究，2020，15(5)：49-56.

[29] 李震，王朝波，闫冬雪. 邮轮居住环境的智能化设计应用 [J]. 舰船科学技术，2020，42(10)：65-71.

[30] 张涛，蔡薇，张天奇，等. 基于多学科融合的邮轮总布置设计机理探究（一）[J]. 中国舰船研究，2020，15(5)：31-40.

[31] 潘长学，吴昊龙. 当代大型邮轮绿色设计体系构成分析 [J]. 包装工程，2021，42(12)：223-225.

[32] 陆邵明，谭正. 国际邮轮品牌与相关艺术设计初探 [J]. 设计艺术研究，2020，10(3)：5-11.

[33] 吴卫国，潘长学. 大型豪华邮轮设计研发关键技术探析 [J]. 船舶工程，2020，42(1)：18-21.

[34] 李卓，邵务兵，童月恒. 基于相关分析方法的邮轮空间特征设计研究——以皇家加勒比邮轮为例 [J]. 艺术与设计，2019(12)：75-77.

[35] 孙利，金强. 豪华邮轮总体设计分析 [J]. 船海工程，2019，48(3)：10-14.

[36] 颜晨广. 我国邮轮经济发展的思考 [J]. 港口经济，2014(10)：9-13.

[37] 董观志. 高端休闲旅游是产业升级的原动力 [J]. 新经济，2012(8)：22-24.

[38] 闫晋博. 分析跨文化交流背景下我国邮轮旅游产品开发 [J]. 旅游纵览（下半月），2018(3)：12-13.

[39] 郭威佑，陈康，杨忠振. 基于消费者偏好的近海型邮轮旅游产品设计 [J]. 上海海事大学学报，2019，40(2)：36-40.

四、中文学位论文

[1] 张梅. 专家系统在船舶舱室划分与布置设计中的应用 [D]. 大连：大连理工大学，2008.

[2] 张天问. 基于扎根理论的邮轮旅游幸福感研究 [D]. 上海：上海工程技术大学，2015.

[3] 陈琪. 大型邮轮乘客舱室智能布局设计方法创建 [D]. 武汉：武汉理工大学，2018.

[4] 付文楚. 基于空间句法的邮轮甲板布局分析与游客活动流线设计 [D]. 武汉：武汉理工大学，2018.

[5] 徐潇. 主题体验式商业综合体的中庭空间设计研究 [D]. 杭州：浙江大学，2017.

[6] 陈婧轩. 商业建筑中庭景观的绿色设计研究 [D]. 天津：天津大学，2014.

[7] 田涛. 商业空间尺度研究：中庭空间设计 [D]. 北京：中央美术学院，2013.

[8] 程小波. 当前消费行为模式下的商业中庭空间设计研究 [D]. 武汉：华中科技大学，2007.

[9] 黄佳欣. 基于中国人生活方式的大型邮轮功能体系设计研究 [D]. 武汉：武汉理工大学，2017.

[10] VIVIANA L S F. 跨文化的视角下的邮轮旅游产品形象设计研究——以歌诗达邮轮公司旅游宣传册为例 [D]. 上海：华东师范大学，2015.

[11] 刘夫永. 船舶方案设计及协同机制下的一体化模型构建研究 [D]. 广州：华南理工大学，2018.

[12] 汤兆宇. 上海发展邮轮旅游研究 [D]. 上海：华东师范大学，2010.

[13] 杜铮. 歌诗达邮轮中国市场服务营销策略研究 [D]. 天津：天津大学，2011.

[14] 刘军. 规制视角的中国邮轮（旅游）母港发展研究 [D]. 上海：复旦大学，2011.

[15] 纪洁银. 新形势下厦门港邮轮经济发展战略研究 [D]. 厦门：厦门大学，2017.

[16] 倪荣鑫. 中国邮轮游客船上休闲娱乐偏好及行为意向研究 [D]. 上海：华东师范大学，2019.

附录 1　大型邮轮及中庭发展的本体演进表

时间	事　件
1837 年	英国海军部批准铁行轮船公司进行海上邮件运输的业务，标志着邮件运输兼海上客运的开始。
1880 年	大量移民通过远洋航行的方式进入美国，邮轮体积和排水量逐步增大。
1899 年	维多利亚路易斯公主号载客 180 人，开始注重游客活动区域设计，设计理念是塑造一种欧洲皇家般的尊贵感。
1903 年	英国冠达邮轮集团首艘超过 3 万吨级卢西塔尼亚号皇家邮轮设计完成，并在布朗船厂开工建造。
1929 年	伊特鲁利亚号邮轮在设计时提出"海上浮动旅馆"的理念。
1935 年	世界首制超 8 万吨邮轮——诺曼底号邮轮从船坞下水。
1939 年	德国 KDF 邮轮集团提出了新的邮轮设计建造准则，即大型邮轮公共空间设计要考虑美学因素，所有居住舱室都是统一设计风格和标准。
1940 年	大型邮轮客舱开始对标豪华酒店的设计风格，玛利亚皇后号和不列颠女王号首次借鉴了豪华酒店的样式，提高船体的舒适度。
1943 年	荷美邮轮集团设计建造的鹿特丹号打开了邮轮设计新思路。设计师在船艉布置了双门柱集群，使船体上层甲板区域的视觉平衡性更好。
1949 年	英国"彗星"号喷气式民航客机试飞成功，标志着喷气机时代的到来，给远洋大型邮轮旅行带来了强大的冲击。
1955 年	为了扭转邮轮旅行低迷的局势，伊丽莎白女王 2 号邮轮设计团队由当时英国顶级设计师组成，融合了现代主义工业和建筑设计潮流。设计师首次将中庭设计理念融入邮轮舱室设计中，把初始设计方案中的船艉休息厅和舱室改造成一个大型的贯穿式中庭和演绎室。
1962 年	皇家加勒比邮轮集团开始推广邮轮短途航线，而非原有的远洋航行，以开拓新的旅游市场。
1971 年	欧罗巴 V 号邮轮为了在娱乐空间和中庭空间营造广阔和奢华的效果，大幅增加了这两个空间天花板的高度，同时不影响通风系统的正常工作。欧罗巴 V 号邮轮还是 20 世纪 70 至 80 年代最环保的邮轮之一，其发动机的废气排放最低，固体垃圾被分类处理。
1976 年	大西洋号邮轮首次设置了多处小中庭来点对点地满足不同游客的需求。在中庭设计方面，大西洋号邮轮采用了欧式古典主义风格。
1980 年	诺唯真邮轮集团开始研发超大载客量邮轮，挪威号邮轮在此背景下问世，载客超过 2600 人。游客数量的突破，与之配套的食物补给、生活设备、娱乐设施等需求也随之增加。
1983 年	海洋君主号总设计师马丁·哈伦设计了超大型中庭，贯穿 5 层甲板。整个方案借鉴"凯悦样式"酒店中庭设计理念，从底层餐饮类休憩区域一直延伸到防火分区。

时间	事　　件
1990 年	星辰公主号邮轮正式交付，其在船体结构上首次采用了大比例的上层建筑，加上大面积的露天场所，使其具有令人惊艳的视觉冲击力。
2003 年	歌诗达幸运号邮轮在中庭内增加了观演类娱乐活动，这类活动具有轻松愉悦、受众广泛、趣味性强的特点。
2006 年	中国邮轮市场被打开，意大利歌诗达邮轮集团首次开辟了以上海为母港的航线，随后众多国际化邮轮集团相继进入国内市场。
2007 年	维多利亚女王号邮轮交付，首次设置了可以容纳超过 800 人的大型剧院。剧院和娱乐空间设计既保留了南美风格的洒脱不羁，又具有欧式古典主义的奢华气息。
2014 年	具有地中海上女王美誉的歌诗达皇冠号邮轮开启了首航，它采用了巨型中庭设计，使中庭兼具卓越的空间表现力和分流人群的功能。这种巨型中庭很大程度上缓解了邮轮低矮舱室给游客带来的不适感。
2016 年	皇家加勒比邮轮集团第三艘"量子号"智能邮轮海洋赞礼号开辟了亚洲航线，排水量突破 16.8 万吨。赞礼号中庭首次从过去相对单一的功能空间演变成具有娱乐休闲、观赏表演、商品售卖的复合功能空间。
2017 年	诺唯真邮轮集团专门基于中国游客习惯设计建造的喜悦号邮轮正式交付，最大载客量高达 4930 人。为了更好地迎合中国市场需求，喜悦号的涂装和中庭空间设计都具有鲜明的中国文化元素。

注：数据截止时间为 2017 年 12 月。

附录 2   大型邮轮及中庭空间基本信息

公司名称	邮轮名称	吨位数	满载客数	客舱数	中庭面积（m²）	中庭甲板层数
歌诗达邮轮（Costa）	歌诗达幸运号（Costa Fortuna）	101350	3250	1354	670	3
	歌诗达赛琳娜号（Costa Serena）	112000	3617	1507	682	3
	歌诗达迷人号（Costa Fascinosa）	112000	3617	1507	682	4
	歌诗达地中海号（Costa Mediterranea）	85700	2537	1057	501	2
	歌诗达大西洋号（Costa Atlantica）	85700	2537	1057	527	2
	歌诗达炫目号（Costa Luminosa）	92700	2712	1130	566	3
	歌诗达钻石皇冠号（Costa Diadema）	92700	2712	1130	537	3
	歌诗达太平洋号（Costa Pacifica）	112000	3617	1507	698	4
	歌诗达命运女神号（Costa Magica）	10500	3250	1354	625	3
	歌诗达维多利亚号（Costa Victoria）	75166	2314	964	499	2
精致邮轮（Celebrity）	精致新月号（Celebrity Equinox）	122000	3420	1425	709	4
	精致极致号（Celebrity Solstice）	122000	3420	1425	736	4
	精致印象号（Celebrity Reflection）	126000	3655	1523	716	4
	精致嘉印号（Celebrity Silhouette）	122400	3463	1443	753	3
	精致季候号（Celebrity Equinox）	122000	3420	1425	703	3
	精致星座号（Celebrity Constellation）	90280	2542	1059	677	2
	精致尖峰号（Celebrity Summit）	90228	2604	1079	635	2
	精致无极号（Celebrity Infinity）	90228	2604	1059	680	2
地中海邮轮（MSC）	地中海神曲号（MSC Divina）	139400	4202	1751	784	4
	地中海辉煌号（MSC Splendida）	133500	3691	1538	769	4
	地中海珍爱号（MSC Preziosa）	139400	4378	1388	801	4
	地中海幻想曲号（MSC Fantasia）	133500	3691	1538	742	4
	地中海音乐号（MSC Musica）	89000	3017	1257	502	3
	地中海华丽号（MSC Magnifica）	89000	3017	1257	530	3
	地中海管乐号（MSC Orchestra）	89000	3017	1257	541	3
	地中海诗歌号（MSC Poesia）	92627	3060	1275	590	3

公司名称	邮轮名称	吨位数	满载客数	客舱数	中庭面积（m²）	中庭甲板层数
诺唯真邮轮 （Norweigian）	诺唯真爱彼号（Norweigian Epic）	153000	5074	2114	859	5
	诺唯真喜悦号（Norweigian Joy）	167725	4930	1925	899	5
	诺唯真遁逸号（Norweigian Escape）	144017	4819	2008	831	4
	诺唯真宝石号（Norweigian Gem）	93530	2873	1197	601	3
	诺唯真珍珠号（Norweigian Pearl）	93530	2873	1197	633	3
	诺唯真翡翠号（Norweigian Jade）	93558	2882	1201	654	3
	诺唯真珠宝号（Norweigian Jewel）	93502	2866	1194	642	3
	诺唯真之星号（Norweigian Star）	91740	2813	1172	633	2
	诺唯真之晨号（Norweigian Dawn）	92250	2808	1170	580	2
皇家加勒比 邮轮 （Royal Caribbean）	海洋绿洲号（Oasis of the Seas）	220000	6494	2706	983	5
	海洋量子号（Quantum of the Seas）	167800	4180	2094	803	5
	海洋魅力号（Allure of the Seas）	220000	6494	2706	976	5
	海洋自由号（Freedom of the Seas）	158000	4380	1825	702	4
	海洋独立号（Independence of the Seas）	158000	4380	1825	736	4
	海洋宝石号（Jewel of the Seas）	90090	2537	1057	582	3
	海洋自主号（Liberty of the Seas）	158000	4380	1825	751	4
	海洋水手号（Mariner of the Seas）	138279	3732	1555	699	4
	海洋领航者号（Navigator of the Seas）	138279	3732	1555	672	4
	海洋旋律号（Serenade of the Seas）	90090	2537	1057	563	2
	海洋冒险者号（Adventure of the Seas）	137276	3732	1555	692	3
	海洋航行者号（Voyager of the Seas）	137276	3732	1555	737	3
	海洋灿烂号（Radiance of the Seas）	90090	2546	1061	535	2
	海洋探险者号（Explorer of the Seas）	137276	3732	1555	697	3
	海洋光辉号（Brilliance of the Seas）	90090	2537	1057	546	2
	海洋和悦号（Harmony of the Seas）	226000	6410	2700	1029	5
	海洋交响乐号（Symphony of the Seas）	228081	6410	2700	1032	5
嘉年华邮轮 （Carnival）	嘉年华梦想号（Carnival Dream）	128000	4418	1767	731	3
	嘉年华微风号（Carnival Breeze）	130000	4428	1845	680	3
	嘉年华展望号（Carnival Vista）	133500	3936	1150	725	3
	嘉年华魔力号（Carnival Magic）	128048	4675	1380	682	3

公司名称	邮轮名称	吨位数	满载客数	客舱数	中庭面积（m²）	中庭甲板层数
嘉年华邮轮（Carnival）	嘉年华光荣号（Carnival Glory）	110239	3581	1492	631	3
	嘉年华胜利号（Carnival Victory）	101509	3310	1379	643	3
	嘉年华征服号（Carnival Conquest）	110239	3581	1492	662	3
	嘉年华凯旋号（Carnival Triumph）	101509	3310	1379	618	3
	嘉年华精神号（Carnival Spirit）	85920	2443	1062	535	2
	嘉年华传奇号（Carnival Legend）	85700	2443	1062	572	2
	嘉年华英勇号（Carnival Valor）	110000	3581	1492	655	3
	嘉年华命运号（Carnival Destiny）	101353	3170	1321	632	3
	嘉年华阳光号（Carnival Sunshine）	102853	3765	1506	627	3
	嘉年华骄傲号（Carnival Pride）	85920	2549	1062	534	2
迪士尼邮轮（Disney）	迪士尼梦想号（Disney Dream）	129690	3500	1250	637	3
	迪士尼幻想号（Disney Fantasy）	129690	3500	1250	642	3
	迪士尼魔力号（Disney Magic）	83338	2456	877	553	2
	迪士尼奇观号（Disney Wonder）	83338	2456	877	536	2
公主邮轮（Princess）	皇家公主号（Royal Princess）	141000	4272	1780	733	4
	帝王公主号（Regal Princess）	141000	4272	1780	709	4
	皇冠公主号（Crown Princess）	113000	3214	1339	683	3
	钻石公主号（Diamond Princess）	113000	3214	1339	687	3
	星辰公主号（Star Princess）	109000	3115	1298	635	3
	加勒比公主号（Caribbean Princess）	113000	3744	1560	692	3
	翡翠公主号（Emerald Princess）	113000	3672	1530	698	3
	海岛公主号（Island Princess）	92000	2369	987	601	2
	珊瑚公主号（Coral Princess）	92000	2400	1000	593	2
	红宝石公主号（Ruby Princess）	113000	3672	1530	631	3
	黄金公主号（Golden Princess）	109000	3158	1316	635	3
	至尊公主号（Grand Princess）	109000	3122	1301	662	3
	蓝宝石公主号（Sapphire Princess）	113000	3214	1339	633	3
冠达邮轮（Cunard）	伊丽莎白女王号（Queen Elizabeth）	90900	2068	1029	588	2
	玛丽皇后2号（Queen Mary 2）	148528	2594	1296	740	4
	维多利亚女王号（Queen Victoria）	90049	2014	1007	576	2

公司名称	邮轮名称	吨位数	满载客数	客舱数	中庭面积（m²）	中庭甲板层数
荷美邮轮（Holland America）	科林斯丹号（Koningsdam）	99836	2650	1322	565	2
	新阿姆斯特丹号（Nieuw Amsterdam）	86700	2106	1052	573	2
	欧罗丹号（Eurodam）	86273	2104	1052	576	2
	诺丹号（Noordam）	82318	1918	959	563	2

附录3   大型邮轮中庭空间游客体验调查问卷

尊敬的女士/先生：

您好！非常感谢您参加大型邮轮中庭空间游客体验调查问卷。问卷调查结果完全作为学术研究使用，绝不对外公布。本调查旨在分析游客在邮轮中庭空间的行为特征，为国产首制邮轮中庭空间设计奠定用户研究基础。您的回答将直接影响调查报告的有效性，此次问卷调查采用无记名方式，我们将对您填写的所有信息严格保密。请您按照实际情况，在符合您选项的方框内打钩。

衷心感谢您的配合与支持！祝您身体健康，事事顺心！

一、基本情况

Q1. 性别：□男　□女

Q2. 年龄：□≤18　□19~25　□26~35　□36~45　□46~55　□>55

Q3. 登船情况：□个人　□朋友　□情侣　□家庭　□团体

Q4. 邮轮旅游频率：□每月1~2次　□每季度1~2次　□每年1~2次

Q5. 常住地址：□华北地区　□东北地区　□华南地区　□华中地区　□西北地区　□国外

Q6. 文化水平：□小学及以下　□初中　□高中　□大学　□研究生

Q6. 从事工作类型：□学生　□企业　□政府机构　□事业单位　□个体经营者

Q7. 您的月收入情况：□3000元以下　□3000~5000元　□6000~10000元　□10000元以上

Q8. 选择的邮轮品牌：□皇家加勒比邮轮　□歌诗达邮轮　□公主邮轮　□嘉年华邮轮　□其他_____

二、您选择邮轮旅游的原因（多选）

□观摩学习，体验不同文化

□购买免税商品

□缓解工作压力，休憩放松

□品尝各国美食

□观赏邮轮内各种表演活动

□体验邮轮内不同娱乐项目和服务

□朋友、同事或家人聚会

□增加旅游经历，获得成就感

□欣赏美丽的海洋风景

三、对邮轮中庭空间的认知（多选）

□中庭是邮轮最大的公共空间

□中庭肩负着整船人员紧急疏散功能

□中庭有艺术展示、休闲、售卖、餐饮活动

□中庭通常位于邮轮的核心位置

□中庭内设有密布的交通设施

□中庭内设有无障碍电梯

□中庭分布的甲板层数

□中庭装饰的艺术风格类型

四、中庭空间游客体验评价调查表（选填）

包括观赏、购物、娱乐、休憩和社交活动，依据您的个人体验进行评价，可选填。

（1）中庭空间视觉体验评价调查表

调查项目	非常好	很好	一般	不好	非常不好
中庭空间整体视觉艺术效果	□	□	□	□	□
景观楼梯美观度	□	□	□	□	□
装饰品美观度	□	□	□	□	□
梯道环围视觉艺术效果	□	□	□	□	□
地域文化特色的呈现	□	□	□	□	□

（2）中庭空间购物体验评价调查表（仅限购物时间段）

调查项目	非常好	很好	一般	不好	非常不好
中庭空间整体购物体验	□	□	□	□	□
开放式商业柜台的感觉	□	□	□	□	□
商品陈列的感觉	□	□	□	□	□
购物区域环境如何	□	□	□	□	□
交通流线是否满意	□	□	□	□	□

（3）中庭空间娱乐体验评价调查表（仅限娱乐活动时间段）

调查项目	非常好	很好	一般	不好	非常不好
中庭空间整体娱乐体验	□	□	□	□	□
参与式互动娱乐的感觉	□	□	□	□	□
文艺表演活动的感觉	□	□	□	□	□
光线氛围如何	□	□	□	□	□
娱乐趣味性是否满意	□	□	□	□	□

（4）中庭空间休憩体验评价调查表

调查项目	非常好	很好	一般	不好	非常不好
中庭空间整体休憩体验	□	□	□	□	□
声音是否嘈杂	□	□	□	□	□
茶点服务是否满意	□	□	□	□	□
隔间设计如何	□	□	□	□	□
悠闲舒缓感是否满意	□	□	□	□	□

（5）中庭空间社交体验评价调查表

调查项目	非常好	很好	一般	不好	非常不好
中庭空间整体社交体验	□	□	□	□	□
灯光是否刺眼	□	□	□	□	□
交谈氛围是否融洽	□	□	□	□	□
吧台服务区设计如何	□	□	□	□	□
休闲互动体验如何	□	□	□	□	□

五、中庭内不同区域体验评价调查表

调查项目	非常好	很好	一般	不好	非常不好
中心景观楼梯	□	□	□	□	□
吧台服务区	□	□	□	□	□
梯道环围	□	□	□	□	□
康乐区域	□	□	□	□	□
购物区域	□	□	□	□	□
休憩区域	□	□	□	□	□
景观长廊	□	□	□	□	□
服务接待处	□	□	□	□	□
观光电梯	□	□	□	□	□
梯道	□	□	□	□	□

本问卷至此全部结束，非常感谢您的热情协助！